髙木仙右衛門に関する研究

「覚書」の分析を中心にして

髙 木 慶 子

思文閣出版

装幀　上野かおる

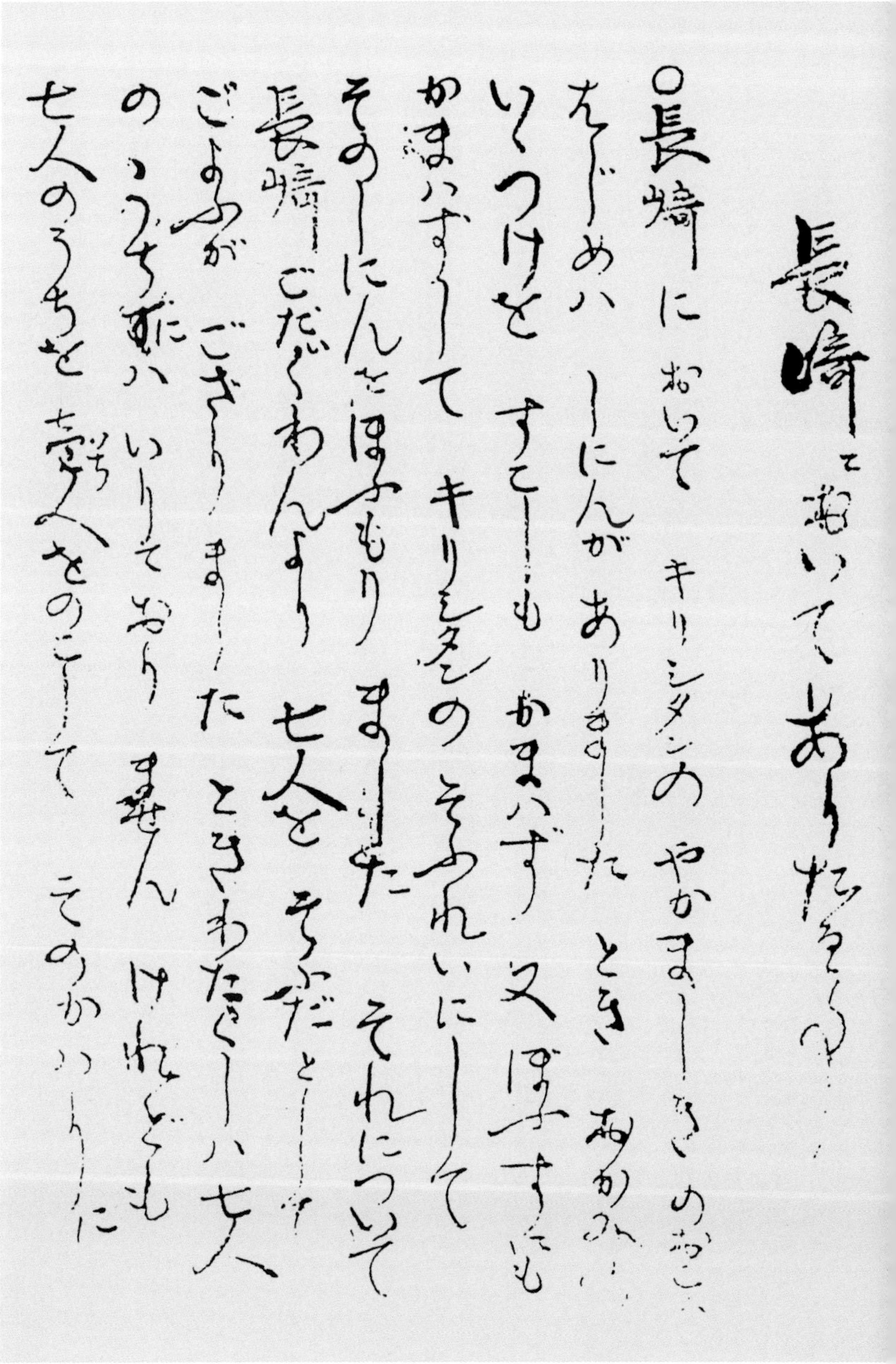

長崎ニ於いてありたること

○長崎において キリシタンの やかましきのおこり

はじめハ しにんが ありました とき おかみい

いつけを すこしも かまハず 又 ぼうずにも

かまハずして キリシタンの そうれいにして

そのしにんを ほうむりました それについて

長崎ごだいくわんより 七人を そうだとして

ごようが ござりました ときわたくしハ 七人

のうちずにハ いりて おりません けれども

七人のうちを 壱人をのこして そのかハりに

口絵１　「仙右衛門覚書」（本書111～2頁参照）

わたくしーがごよふに　いきましー　ときーごだい
くわんの●まへにおいて　そのかわりのおてだい
がもろーしー　ますにハ　その　はうども　いますだ
キリシタンのゆるーしーも●ないところに　だれがゆるに
もつて　キリシタンの　そふーらきに　いたしーだから
しーからーれましーた　そのとき　わたくしーがへんとう
わたくしーどもハ　キリシタンで　あるゆへ　ブツへこころだい
ぐすど《はうずし》よふるす　あいかない　おせんゆへに　むらおとない
しよろやにうつたへで　そふーらいたしーますた
ともうしーましーたところが　おてだがもーさーハ

この長崎の　おだいくわんさまハ　しやうぐんの
かわりすれバ　長崎の　とめさまで　あるなしかれバ
このとのさまハ　そのはうどもの　なんぎに
あへバ　たすけ　あわれみある　そのさまなれバ
そのはうどもの　ねがいハなんにても　きゝなさる
しかるときハ　日本の　しうしを　まもりて
しやうぐんさまに　したかへすとしかられましたに
ごれに　こたへまするにハ　天主の　ごおきてにさからぬ
ぶずハ　なんにても　しやうぐんさまに　したがいます
によつて　どふぞ　キリシタンを　まもらせくだされ

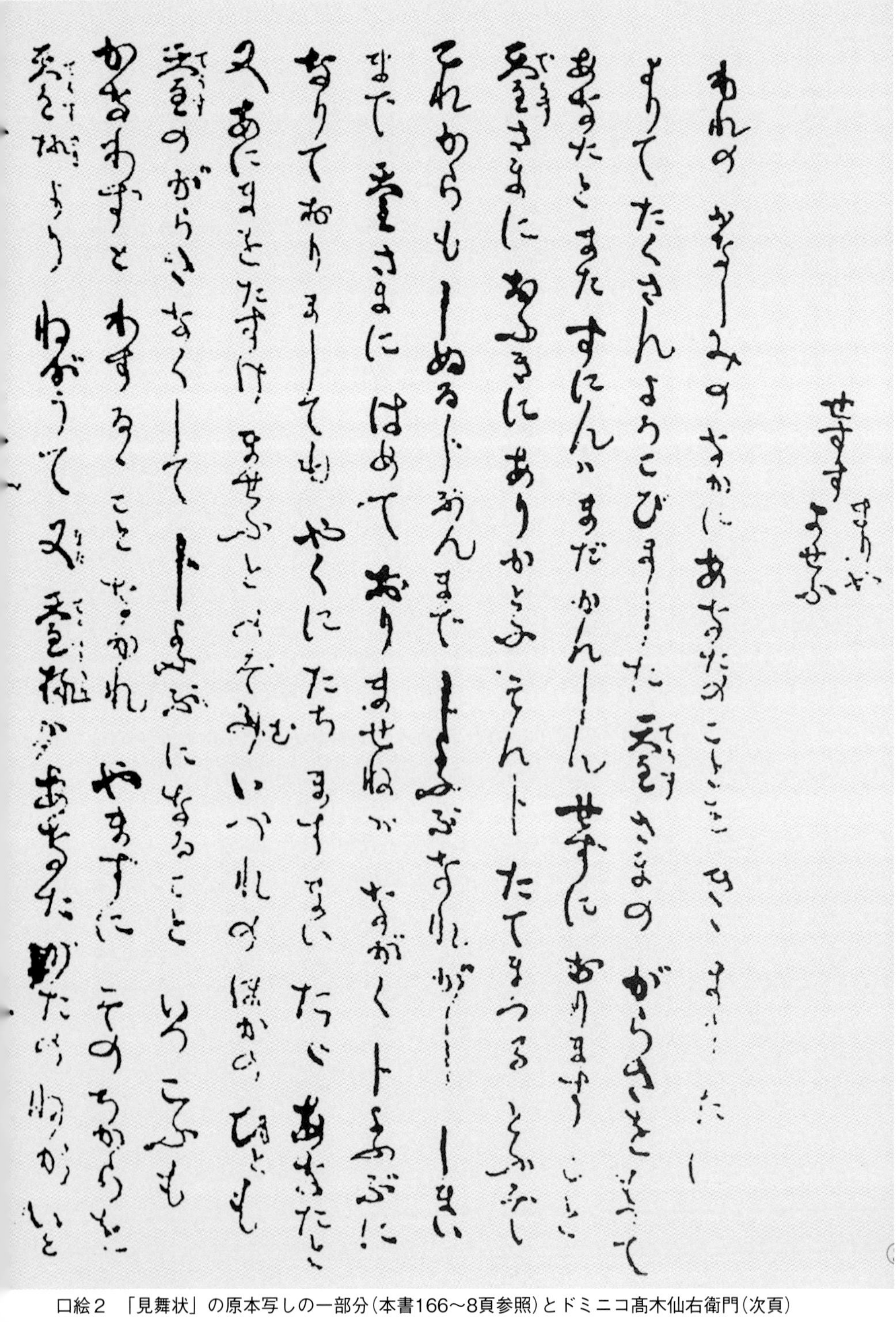

口絵２　「見舞状」の原本写しの一部分（本書166～8頁参照）とドミニコ髙木仙右衛門（次頁）

かくなんしーとんであります。でもうらみることなかに
しんであります。ひとりごとにぶつぶつうちになります
ひとさまのところもってとなる
ひとまでもあいしー
ひろぐ
り
する
ばかり。おそ
とらびむして
ために
のに
みてかます。べーにあれば
をもってままにたがえりたてまうつゐふふに

口絵３　プチジャン司教（一八二九—一八八四）

口絵４　ロケーニュ司教（一八三八—一八八五）

口絵５　旧信者の子孫発見の図

口絵6　右から髙木源太郎神父（開港後最初の邦人司祭/次男）、仙右衛門、仙太郎（愛恵/三男）、仙太郎の妻

口絵７　昭和16年髙木仙右衛門の墓石を建立

髙木家系図

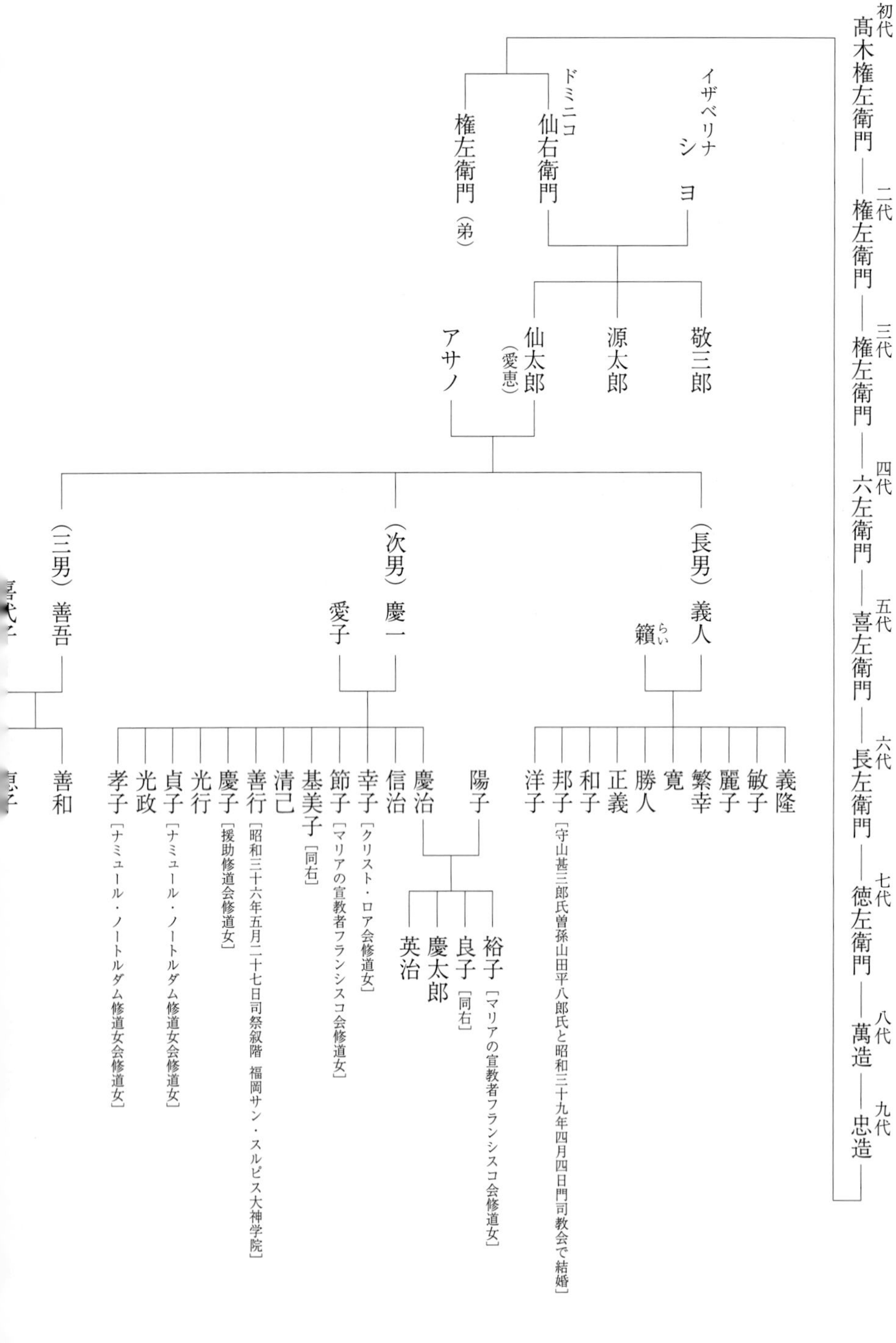

初代
髙木権左衛門
二代
権左衛門
三代
権左衛門
四代
六左衛門
五代
喜左衛門
六代
長左衛門
七代
徳左衛門
八代
萬造
九代
忠造
イザベリナ
シヨ
ドミニコ
仙右衛門
権左衛門（弟）
敬三郎
源太郎
仙太郎
（愛恵）
アサノ
（長男）義人
籟《らい》
（次男）慶一
愛子
（三男）善吾
義隆
敏子
麗子
繁幸
寛
勝人
正義
和子
邦子
［守山甚三郎氏曽孫山田平八郎氏と昭和三十九年四月四日門司教会で結婚］
洋子
陽子
慶治
信治
幸子
［クリスト・ロア会修道女］
節子
［マリアの宣教者フランシスコ会修道女］
基美子
［同右］
清己
善行
［昭和三十六年五月二十七日司祭叙階　福岡サン・スルピス大神学院］
慶子
［援助修道会修道女］
光行
貞子
［ナミュール・ノートルダム修道女会修道女］
光政
孝子
［ナミュール・ノートルダム修道女会修道女］
裕子
［マリアの宣教者フランシスコ会修道女］
良子
［同右］
慶太郎
英治
善和

まえがき

一五四九年（天文十八年）八月十五日、聖フランシスコ・ザビエルは、鹿児島に到着した。それより三百十八年後、一八六七年（慶応三年）、浦上のキリシタンはその歴史を大きく変えることになった。慶応元年の大浦天主堂における浦上潜伏キリシタンとパリ外国宣教会プチジャン師との劇的な対面、それに引続く信徒に対する迫害、ことに明治初年における浦上信徒の流刑は、日本のカトリック教会史上の特筆すべき事件であったのみならず、日本人カトリック信徒の強固な意志と熱烈な信仰を国外に示したものとして深い感銘を与えた。

すなわち、「浦上四番崩れ」である。

浦上キリシタン史の研究は、マルナス師（Marnas Francisque）・姉崎正治博士・浦川和三郎司教・片岡弥吉教授等により進められ、近年にいたって家近良樹氏による新しい研究が出、新たな進展を見せている。しかし、浦上キリシタンの研究の進展にもかかわらず、流刑信徒のいわゆる「旅の話」の集録から着手されたこともあって、多くは信仰美談を紹介するという点が強調され、宗教学あるいは歴史学の研究としての論著は必ずしも多いとはいえず、今なお多くの研究の余地がある。

浦上キリシタンの代表格であったドミニコ高木仙右衛門の「覚書」に関して著者はすでに一九九三年にその紹介をかねて、本文を翻訳し、高木仙右衛門の生涯について検討を加えたが、今回、改めて「覚書」の内容にたちいたって分析を試み、浦上キリシタン問題が信教の自由獲得にどのような役割を担ったかについて、高木仙右衛門を基軸にして論証に努めた。なお、「覚書」は、前著における誤謬を訂正した上で再録した。

明治維新、日本人がまだ人権や平等観に自覚していない時代、高木仙右衛門は自己の信仰を貫くことによって、キリスト教の新しい人間観、すなわち、人間の価値と尊厳を公言したものとして、その存在は大である。

また、仙右衛門の生涯は信仰者と国家権力との闘争であった。教育もなく社会的権勢もない無名の農民が、ただ神の恩恵にすがり信仰の力によって、不当な国家権力に対して勝利を占めた点において、世界宗教史上まれに見る現象であるが、さらに、彼が現代社会に投げかける問題提起も見逃すことはできないと考える。仙右衛門の生涯を詳しく紹介することによって、斯界に何らかの示唆を与え得ればと願っている。

仙右衛門は、著者の曾祖父にあたり、本研究にさいし、高木家文書を直接利用できたことは望外の幸せであった。

目次

第二部　史　料　編

第一部

本文編

第一章　国預け

一　パリ外国宣教会と大浦天主堂

一六六〇年（万治三年）、パリにおいて、東西アジアへの宣教活動を主とする宣教会「パリ外国宣教会」が創設された。ローマ教皇庁はイエズス会主導のインドシナ半島における宣教活動に対して、パリ外国宣教会に同半島における参加を求め、さらにその後、禁教令の下で弾圧を受けている日本で宣教活動を期待して、もしやキリシタン時代の信徒の子孫が残っているなら、彼らを発見するようにとの任務を託した。

十六世紀の半ば、キリスト教をはじめて日本に伝え布教したのはイエズス会の聖フランシスコ・ザビエルであったが、近代日本のカトリック教会を再建したのは、パリ外国宣教会である。

一八四四年（弘化元年）、パリ外国宣教会宣教師フォルカード神父は琉球の那覇に到着し、そこに二年間とどまって日本語を学び、日本本土に渡る機会をねらっていたが、琉球も薩摩藩の支配下でキリシタン弾圧は厳しく、島人とも接触はできなかった。

その間、世界の情勢は大きく動いていた。日本開国も時間の問題となっていることは、幕閣の一部や長崎奉行関係者も、またローマ教皇庁、さらにパリ外国宣教会も察知していたので、その時に備えて準備がなされていた。ローマ教皇庁は琉球と日本とを含む代牧司教区を創設しフォルカードをサモスの名義司教として叙階し、琉球と日本の代牧司教に任命した。

それから八年後の一八五四年（嘉永七年）、日本はアメリカとの間に和親条約を結んで開国し、その四年後にはアメリカ、さらにイギリス・ロシア・オランダ・フランスの国々と修好通商条約を結ぶにいたった。翌年九月、フランス総領事ド・ベルクールの通弁として、ジラール神父が横浜に上陸した。その立場は日本教区長としてであった。一八六二年（文久二年）プチジャン神父とフューレ神父も来日、すでにプチジャン神父は、一八六〇年（万延元年）に琉球に着き、二年間の暮らしで日本語を学んでいたので、日本人とは話もできるほどになっていた。

一八六三年（文久三年）一月二十三日、まずフューレ神父が長崎に来て天主堂と司祭館の建築の準備を始めた。

徳川幕藩体制は三つの特徴をもって堅固なものとなっていた。それは第一に鎖国である。これは世界でも例をみることのできないものであった。第二に封建性、第三には宗教統制（特にキリシタン禁制）である。この三点のうち、一点が崩れると体制全体が総崩れになる危険性をはらんでいたが、まずそのうちの鎖国が破れたのである。

一八五八年（安政五年）、前述のようにアメリカ・オランダ・ロシア・イギリス・フランスとの修好通商条約が締結された結果、長崎・横浜・函館など五港が開かれ、それら各地には外国居留地ができた。そこでは日本全域で禁止されていたキリスト教信仰が外国居留民に限って公認された。

長崎における絵踏はオランダ出島商館、ドンケル・クルチウスの提言を受けて一八五七年（安政四年）をもって停止されていたが、それはアメリカ・ロシア・フランス三国との条約文中に「長崎港における踏絵はすでに廃止せり」という一節が加えられたことによって確認された。しかし、長崎以外の地方での絵踏は一八七一年（明治四年）まで続いた。

外国居留民の信教の自由については、五か国条約中に条文としてある。日仏条約第四条を見ると「日本にあるフランス人、自国の宗教を自由に信仰いたし、その居留の場所へ寺社を建てるも妨げなし」とある。一八六三年（文久三年）パリ外国宣教会では、この条約に従って横浜に天主堂を建立、続いて長崎の大浦にも天主堂を建てた。フューレ神父は長崎市乙一番地に天主堂を着工したが、フューレ神父が途中で帰国してしまったので、後任として長崎に赴任したプチジャン神父がこの天主堂を完成させた。天主堂は一八六四年十二月二十九日に落成したが、献堂式が行われたのは、翌一八六五年二月十九日であった。

二百四十五年ぶりに長崎に教会が再建されたのである。この天主堂は日本二十六聖人殉教者に献上された。秀吉の命によってキリシタンであるが故に京都で捕らえられ、長崎の西坂で処刑されたフランシスコ会士・イエズス会士などを含むキリシタン殉教者二十六名は、すでに一八六二年六月八日ローマにおいて、聖人に列せられていたのである。

フランス寺と呼ばれて長崎の人々に親しまれたこの天主堂は、ゴシック風の塔三本をもち、窓は色鮮やかなステンド・グラスで飾られ、高い塔の上には金色の十字架が立ち「天主堂」という文字が書かれていた。

二百五十年もの間、厳禁されていた「十字架」や「天主堂」という文字が公に掲げられたことは、日本にとっては一大事であった。この天主堂の正式名は「日本二十六聖人教会」である。落成当時は「フランス寺」と長崎住民に呼ばれていたが、今は地名に因んで「大浦天主堂」といわれている。

プチジャン神父はパリ外国宣教会本部に送った落成式当日十二月二十九日付の手紙で次のように書いている。

天主堂は完成しました。人々は目をみはっています。塔の金色の十字架は長崎の町と殉教者の丘に向かって輝きわたり、子どもも老人もフランス寺にでかけるのを楽しみにしています。老人たちはキリシタンについての昔物語を繰り返しています

その後も天主堂を参観する人々は絶えなかった。しかし、フランス寺の中にも役人の目が光っていた。信教の自由が許されていたのは外国居留人だけであって、日本人に対してはキリシタン禁制は励行されていたのである。

二　信徒発見

献堂式当日にはまったく姿をみせなかった長崎の人々も、その後はちらほらと天主堂にやって来た。浦上キリシタンの間では「フランス寺にサンタ・マリアがおいでなさる」といううわさが村中に広がった。「サンタ・マリアさまがおいでなら、フランス寺の異人さんは伴天連さまに相違あるまい」と、浦上農民は心を躍らせた。それを確かめるため、三月十七日に男女十四、五人が大浦天主堂へ行った。

プチジャン神父は「旧信者子孫の発見」となったこの大事件を、翌十八日に横浜にいたジラール日本教区長に次のように書き送っている。

親愛なる教区長さま

心からお喜びください。私たちはすぐ近くに昔のキリシタンの子孫をたくさん持っているのです。彼らは聖教をずいぶんよく記憶しているらしく思われます。しかし、まず私にこの感動すべき場面、私が自らあずかって、こうした判断を下すに至りましたその場面を簡単に物語らせてください。

きのう十二時半ごろ、男女小児をまぜた十二名から十五名ほどの一団が天主堂の門前に立っていました。ただの好奇心で来たものとは、何やら態度が違っている様子でした。天主堂の門は閉まっていましたから私は急いで門を開き、聖所のほうに進んで行きますと、参観者も後からついてまいりました。私は一か月前（献堂式当日）、あなたが私たちにお与えくださいましたみ主《あるじ》、私たちが聖体の形色のもとに、愛の牢獄たる聖櫃内に安置しているみ主《あるじ》の祝福を彼らの上に心から祈りました。

私は救い主のみ前にひざまずいて礼拝し、心の底まで彼らを感動させることばを私の口に与えて、私を取り囲んでいるこの人々の中から主を礼拝する者を得さしめ給えと、祈りました。ほんの一瞬祈ったと思うころ、年ごろは四十歳か五十歳ほどの婦人が一人私のそばに近づき、胸に手を当てて申しました。

「ここにおります私たちは、みなあなたさまと同じ心でございます」

「ほんとうですか。どこのお方ですか、あなた方は」

「私たちは、みな浦上の者でございます。浦上では、たいていの人が私たちと同じ心を持っております」

こう答えてから、その同じ人が、すぐ私に「サンタ・マリアのご像はどこ？」と尋ねました。「サンタ・マリア！」このめでたいみ名を耳にして、もう私は少しも疑いません。今私の前にいる人たちは、日本の昔のキリシタンの子孫にちがいない。私はこの慰めと喜びを神に感謝しました。そして愛する人々に取り囲まれて、聖母の祭壇の前に、私たちのため、あなたがフランスから持って来てくださった、あの聖像を安置してある祭壇の前に彼らを案内しました。彼らはみな私にならってひざまずきました。祈りを唱えようとするふうでしたが、しかし喜びに耐えきれず、聖母のご像を仰ぎ見ると口をそろえて、「ほんとうにサンタ・マリアさまだよ、ごらんよ、おん腕におん子ゼズス様を抱いておいでです」と言うのでした。やがてその中の一人が私に申しました。「私たちは、霜月の二十五日に、み主ゼズス様のお祝いをいたします。おん子様は、この日の夜中に、うまやの中に生まれ、難儀苦労してご成長なされ、おん年三十三歳の時、私たちの魂の救いのために十字架にかかってご死去なさいました。ただいま私たちは悲しみの節の中です。あなた方も悲しみの節を守りなさいますか」こう尋ねますから、私も「そうです。私たちも守ります。きょうは悲しみの節の十七日目です」と答えました。私はこの悲しみ節ということばをもって四旬節を言いたいのだと悟ったのであります。

この善良な参観者たちが聖母のご像をながめて感動したり、私に質問したりしている間に、他の日本人が聖堂に入ってまいりました。私の周囲にいた彼らは、たちまちパッと八方に散り散りとなりましたが、すぐまた帰ってきて、「今の人たちも村の者で、私たちと同じ心でございます。ご心配いりません」と申しました。

私は聖堂内を巡覧するいろいろな人々が行ったり、来たりするのに妨げられて、この参観人たちと思う存分話ができませんでしたので、また出直して会いに来るようにと、浦上のキリシタン――きょうから私は彼らをこう呼びたいのです――と取り決めをしました。彼らが何を保存しているか少しずつ確かめましょう。彼らは十字架を崇め、サンタ・マリアを敬愛し、祈りを唱えています。しかし、それがどんな祈りであるか、私にはまだわかりません。その他の詳しいことは近日中にお知らせいたします。
一八六五年三月十八日、長崎にて
日本の宣教師ベルナール・プチジャン

プチジャン神父を宣教者と認め、サンタ・マリアのご像を拝観した浦上キリシタンの話は浦上村をはじめ、長崎各地のキリシタンにすぐ伝えられた。彼らにとっては七代の間待望し続けた宣教師との対面だったのである。翌十八日からは、多くのキリシタンが天主堂にやってきた。一方、この出来事はパリやローマの教会当局の間でも大きな波紋を巻き起こしていた。

昔の宣教師は、プロテスタントのオランダ商人が続々日本に渡来するのを見て、信徒にプロテスタントとカトリックの根本的相違を教えていたようである。その教えを忠実に守っていたキリシタンは、神父に会うと、次の三点を確認した。①ローマ教皇に服従するか、②貞潔を守り、独身生活をしているか、③聖母マリアを尊敬するか、という三点を確かめている。

キリシタン発見は、宣教師である司祭と信徒との出会いであるが、それは教会と信徒との出会いでもあった。長い間一人の司祭もいない時代にキリシタンが長い間待ち望んでいたローマカトリック教会との生きた結びつきができ、それによってキリストとの一致である秘跡にあずかることが再び可能となったのである。

日本ではまだ厳しいキリシタン禁制が続いているにもかかわらず、キリシタンたちは隠れて大浦天主堂に行き、神父たちの話を聞いていた。また天主堂まで行けない老人や病人には、帳方《ちょうかた》や水方《みずかた》などが教えや祈りを伝えていた。

神父との出会いの後、浦上キリシタンたちは、畑仕事や日常生活のことも忘れて教理を勉強した。幼い子どもから老人にいたるまで祈りはもちろんのこと、公教要理も暗記していた。彼らはよく祈っていた。聖母月には天主堂に行きロザリオを唱えたが、家々でも熱心に祈っていた。

キリシタンとの出会いの後、神父たちが調べたことは、洗礼の秘跡が有効に行われていたかどうかであった。司祭がいない時代、キリシタンたちの洗礼は水方が授けていた。そのため神父たちは、洗礼を授けていた水方の唱える洗礼のことばが有効なものであるかどうかを調べた。それによると浦上の水方ドミンゴス又市や、神ノ島のミゲル忠吉の洗礼も祈りもほとんど訛っていないことがわかった。しかし、前に授かっていた人々のうち有効性がはっきりしない者には条件つきの洗礼を授けた。また神父たちが行けないところでは、水方や伝道士に洗礼に対する正しい授け方を教え、神父に代わって授けさせた。

長崎大浦天主堂におけるキリシタン発見の出来事は、世界宗教史の上での奇跡といわれている。それは単に、三月十七日の劇的な神父とキリシタンの出会いを指すだけでなく二百五十年、七世代の間弾圧の下で信仰の伝承をなしとげた、その信仰の歴史についていわれることである。

神の恩恵と摂理によって浦上キリシタンは神父を発見し、二百五十年ぶりにローマカトリック教会と再会した。しかし、彼らの苦しみはこれで終わったのではなかった。長崎地方一帯のキリシタンは最後の信仰の証しをする大迫害を通らなければならなかったのである。

三　浦上四番崩れ

(1)浦上村キリシタン

フランシスコ・ザビエルの来日とそれに続く宣教活動によって、日本カトリック教会は多くの信徒を得た。しかし、一六四四年（正保元年）、最後の潜伏司祭小西マンショが捕縛・処刑されて以来、司祭による宣教活動は止み、全国に張り巡らされた検索制度のために数多くのキリシタンが殉教した。

一七〇〇年前後（元禄年間）のころには、少なくとも表面的にはキリシタンはまったく根絶されたかのように思われた。キリシタンであっても表向きには仏教徒を装い、家には仏壇をもうけ、そこには観音像を置き、仏僧を招いて死者を葬り、供養をし、カトリックの信仰については相互に話し合うこともしなかったからである。

しかし、このままではいつかキリシタンの信仰もなくなってしまうと心配する人々もいた。何とかして自分たちが持っている信仰を子々孫々まで伝えたいと熱心に望む人々もいた。一六一三年（慶長十八年）の徳川家康の禁教令からおよそ五十年が経ったころである。浦上村の中野に孫左衛門という熱心なキリシタンがいた。彼はもと浦上にあったサンタ・クララ教会で働いていた。彼には岡の七郎左衛門という友人がいたが、二人は親しい友でありながら自分たちの信仰については隠し、相互に仏教徒のふりをしていた。

ある日、二人は浦上川のヤナに漁に出た。幾日もともに働いていたが、自分たちの信仰については口を固く閉じたままだった。一度でも「キリシタンである」ことが知られたら殺される。しかし心の中では浦上キリシタンの信仰をなんとかしなければならないと思い悩んでいた。

とうとうある日、孫左衛門は勇気を奮って七郎左衛門に話しかけた。浦上のほとんどがキリシタンである、これを子孫に伝えるために地下組織を作ろうではないかと。話を聞いた七郎左衛門も同じ考えを持っていた。二人は命がけで浦上村の人々を説得してまわり、全村民を団結させた。

この地下組織には帳方（惣頭）、水方（触頭）、聞役という三つの指導系統があった。各々の役割は、次のようであった。帳方は村に一人いて、日繰（バスチアン暦ともいわれる一六三四年の教会暦）や宗教書を所持し、毎年の主日と祝日とを繰り出し、教理や祈りを伝承して、これを水方に伝える。水方は各郷に一人ずついて、洗礼を授ける役目のほか、土曜日ごとに帳方の宅へ行き、来週の祝日や帳方の伝達事項を聞役に伝える。聞役は各字《あざ》に一人ずついて、水方から伝達されたことを各戸に流し、字のなかの全戸を掌握していた。二百有余年にわたる迫害中、一人の司祭もいないのに、誤りなく信仰を伝えたのも、ひとつはこの組織のおかげであった。

長崎はキリスト教宣教の初期からキリシタンの町になっていた。ところが、徳川幕府のキリシタン禁教令とともに、長崎はもっともキリシタンが多いところということもあって、厳しい検索と弾圧が始まった。幕府が作った五人組などの隣保制度、連座制、嘱託銀（懸賞訴人）の高札が全国に立てられ、キリシタンたちは追い詰められた。

そこで、浦上や外海《そとめ》地方のように、村人のほとんどがキリシタンである村に人々は集まって来た。村全員がキリシタンでなければ信仰が守れなかったからである。

片岡弥吉氏は『日本キリシタン殉教史』で次のように述べておられる。

浦上にも諸国のキリシタン武士が来て、農民となって信仰を守りつづける者は少なからずあった。例えば仙台藩士松尾大源、黒川市之丞、平戸藩士原田善左衛門、筑後立花藩士片岡三兄弟、豊後大友の家臣菊地蒲三郎正重、志賀親勝などである。平戸藩の原田夫妻は木場難河原で殉教した。

伝聞によれば、松尾・黒川両氏は、支倉《はせくら》六右衛門の随員として、メキシコ経由でローマに使した人々だが、帰国後仙台でキリシタン弾圧が行われていたので、浦上の木場に移り住んだという。木場は一六〇五年（慶長十年）幕府との替地によって大村領浦上木場村となり、三回にわたる木場崩れという弾圧を経て、今日なおキリシタン信仰を伝え、立派な教会堂もある。

浦上四番崩れで名を知られることになった仙右衛門は、長崎内町の町年寄髙木作右衛門家の一族権左衛門を祖とする。作右衛門が信仰を捨てて、権力欲と物欲に走ったのに対し、権左衛門は信仰を守るために浦上に移住し農民となった。もちろん苗字は名乗らない。

明治政府のキリシタン弾圧で、一八六八年（慶応四年）六月津和野に流され、悲惨な拷問をしのいで、七三年（明治六年）の弾圧停止とともに浦上に帰る。住家が山の下（現在の十字架山の麓）にあったことから、村役人から「山下」の苗字を与えられていた。仙右衛門はそれを不服として、明治二十三年六月、復姓願を西彼杵郡長渥美力弥太に提出し、許されている。その「願書」に「私儀家系ノ儀ハ初代高木権左衛門ト称シ、天正ノ始、今ノ長崎市内ニ人トナリ、其後天正ノ末故アリテ当村即チ今ノ浦上山里村ニ移住シテ惣乙名、慈悲役ヲ命ゼラレ、爾来連綿、高木ノ姓ヲ用ヒ来リ候……」（『日本キリシタン殉教史』五七七〜八頁）と見える。慈悲役はキリシタンの信徒組織「組」の中にある役職名である。

(2)事件の発端

大浦天主堂での宣教師とキリシタンとの出会い後は、内密のうちに連絡し合い、神父の指導を受ける時も極秘に行われていたが、やがてそれも役人の知るところとなり、浦上四番崩れという悲惨な大迫害を引き起こすこととなった。二百五十年間も隠れて信仰を守り続けた多くのキリシタンが検挙されて流刑に処せられ、足かけ八年におよぶ迫害が発生したのである。この間、江戸幕府は瓦解し、一八六七年（慶応三年）明治政府が成立した。

浦上には四回にわたり潜伏していたかくれキリシタンの摘発があったが、その「摘発」を「崩れ」と呼んだ。一番崩れは一七九〇年～九五年（寛政二～七年）に起こったが、この時に逮捕された十九人は証拠不十分で釈放された。二番崩れは一八四二年（天保十三年）に内部の者の密告でキリシタンの中心的人物が捕らえられたが、この時も釈放された。三番崩れは一八五六年（安政三年）、このたびも内部の密告によった。キリシタンの指導者である張方吉蔵ら主要人物が逮捕され吉蔵は牢死した。長崎奉行はこの時、カクレキリシタンであることを知りながら、面倒を避けるために「異宗一件」「異宗徒」として処理してしまった。

四番崩れは内部密告ではなかった。その契機となったのは、キリシタンの自葬事件である。一八六七年四月五日（慶応三年三月一日）本原郷の茂吉が死去すると、その家族は神父の助言を求め、庄屋や聖徳寺の僧侶にも知らせずに自葬してしまった。キリシタンたちはこのように死者が出ると自分たちだけで埋葬するようになり、これは当然、庄屋と仏僧の知るところとなった。

庄屋はキリシタンに聖徳寺との関係絶縁を希望する者の名簿を差し出すようにいった。同年三月十四日（陽四月十八日）、キリシタンは長崎奉行所公事方掛安藤弥之吉に名簿を提出した。

ここに、キリシタンは約二百五十年ぶりに幕府の禁令に逆らって、自分たちの信仰を公然と表明し、旦那寺との関係を絶って寺請制度を拒絶した。三月十六日、キリシタンの代表七人が長崎代官所に召喚され、取り調べをうけた。

キリシタンの死者が次に出ると、奉行所はキリシタンの自葬を黙認しながら、一方では代官に命じて主要な人物の名簿を作成させ、さらに秘密教会やキリシタンの行動を密偵しそれを江戸に報告していた。奉行能勢大隈守頼元はキリシタンの取り扱いの裁決を得るため江戸へ向かった。

一八六五年以降、浦上には秘密教会が四つあり、神父たちは秘かにそれらを回りキリシタンへ教理を教えミサをあげていた。秘密教会四か所のうち「サン・ヨゼフ堂」は、仙右衛門の家裏にあり仙右衛門が管理していた。

長崎県立図書館に架蔵されている「異宗一件書類」に「サン・ヨゼフ堂」の見取図が収められているが、このことからも浦上での密偵が徹底していたことがわかる。

長崎奉行能勢大隈守が江戸に発って一か月が過ぎたが、キリシタンに対し何の沙汰もないので役人も長崎住民らも、幕府の態度に不満を持ち、騒ぎはじめた。そこで徳永石見守はすでに作成していたキリシタン名簿、秘密教会や神父たちの隠れ家などの資料にもとづきキリシタンの大検挙に出た。

一八六七年七月十五日の午前三時ごろ、どしゃ降りの雨の中、かくれキリシタンたちは不意を襲われた。その時、ロカーニュ神父は本原郷平の秘密教会（サンタ・マリア堂）にいたが、捕り手が表から入るのとまったく間一髪のところで脱走した。

この日逮捕された信者、男女六十八名はまず桜町の牢（今の長崎水道局庁舎）に入れられたが、この場所には一六一二年から一六一四年までサン・フランシスコ教会があり、その跡地に牢が建てられたものである。

牢内のことについては「仙右衛門覚書」（本書第二部収録）にも詳しく述べられているが、牢に入れる前に、まず門外で囚人を裸体にして衣服を改める。それから毘沙門という二尺五寸角ほどのくぐり戸を開けて、一人ずつ裸のまま頭をつっこませ、腹ばいにくぐり入らせる。なかには閻魔役というのがいて、チョンマゲをつかんで「取った！」とかけ声もろともあお向けに投げ返す。これを「毘沙門返し」という。投げ返されたものは、ただちに起きて順々に膝を立ててずらりと並ばねばならない。脱がせた着物は一応改めてから内に入れ、「家から代銀がくるまで貸し置く」といって渡された自分の着物をまた着るのである。それから番人が一人ずつ呼び出して「ここには入ってくるには、みやげものが必要だが、おまえいくら持って来たか」と尋ねる。しかし信者たちは寝込みを襲われ、そのまま連行されたのだから、一文の持ち合わせもない。番人はひどく怒り、各人に金額を割り当てて、家から持ってこさせるように言いつけた。

奉行は、浦上の村民たちが囚人となっている人々を奪い返しに来るかもしれないとの懸念から、他の牢へ移すことにした。

浦上キリシタンは桜町牢に留置されてから二日後の七月十七日（陰六月十六日）に小島の牢（現在の小島小学校付近）に移された。ここでは食費として一人当たり十両ほど要求され、それを収めても食物や日用品は皆自宅から差し入れなければならなかった。

一方、このキリシタン逮捕事件に関し、諸外国の領事たちの抗議が続いた。キリシタンが捕縛されて牢に入れられると、プロシア領事が奉行所通詞に面談し抗議した。翌十六日にはフランス領事レックが、またその翌日にはポルトガル領事ロレイロがそれぞれ長崎奉行に会い、この逮捕は国際的にも憂うべきことであり、人道的立場よりただちに釈放するよう求めた。しかし、奉行徳永はキリシタン禁制は幕府の定めであると述べて、諸外国からの抗議を退けた。

数日後、長崎に来たアメリカ公使ファルケンブルグが奉行に強く働きかけたことにより、プチジャン司教が小島牢にいたキリシタンを見舞うことだけは許された。

その後、十月五日（陰九月八日）小島牢にいたキリシタンは桜町牢に移されたが、そこにははじめに捕えられた六十八名と、その後に捕縛された人々が入牢していた。浦上では死者がでるごとに聖徳寺の仏僧を呼ばず自葬していたので入牢が増えていたのである。小島牢の入牢者は八十三名になっていた。幕府は外交団に対し「入牢者には拷問は加えない」と約束していたが、それは守られず、桜町牢ではひどい拷問が行われていた。「仙右衛門覚書」の記すところを要約してみる。

桜町の一番牢に移りましたが、その時は牢内の式法がきびしく、監房も七人おりました。皆私どもを改心させてお上に忠義立てしようとして、いろいろ申しました。私どもを一人ずつ呼び、改心せよと、口々にせめ立てましたが、「改心する事も、表面だけで信仰を捨てることもできません」と申しました元助という人が「私は一寸刻みにきざまれても改心することはできません」と言ったので監房や、牢内のお偉方が「それでは御用にでろ」と言って、その翌日、元助はじめ二番牢三番牢から都合六人ばかり吟味所に呼び出しました。そしてひどい綱責め（駿河問い）にかけ、打ちたたき、門口にひきだして、捨て物のように転がしておきました。

この有様を小島牢から移って来た八十人ほどの人々――そのなかには女も六人いたのですが――に見せました。そのうち叩かれた六人のうちに、コンヒルマサン（信仰を強める儀式、堅信）を受けていてもこのような苦しみをうけると、この上は辛抱しえないという人があって、六人全部が改心することになりました。

役人は「あれを見たか、あのような体になってから改心する、いま体の痛まぬうちに改心したらどうだ」と申しましたので、八十人ばかりの者が皆改心することになりました。

そのあとに私一人残りますれば牢内の者どもかわりがわり私に改心させせんため色々すすめました。私これに答えまするに「実に私は人に恐れません。ただ天のあるじばかり恐れまする。どうぞ御慈悲に御吟味所の御用を受けさせて下され、私は百人ありて力ある。また一人になりて弱くなるという事ありません。一人になりても、もとの心は少しも消えません」と申しました。（本書一一八〜九頁）

背教しないで牢に残ったのは仙右衛門ただ一人であった。先に改心（転心）した者は釈放されて家に帰ったが、家族たちの思いがけない抵抗を受けた。「信仰を捨てた者は家に入れない」と締め出され、畑や山に隠れている者もいた。そのありさまを守山甚三郎の手記は次のように述べている。

それより浦上に帰り、わが家に行きたければ、何分、家にも入れられず、外にもおられず、天主を捨てたと、思いまするると、わが身一つ置くところがありませんゆえに、昼も夜も山のなかに三日三ばん、泣いておりました。それより天主、サンタ・マリアさまの御力をもって天主に立ち返り、人々をすすめて、官に駆け込み、ふたたび責苦を受け、責め殺さるるのつもりにて人々をすすめて回りましたところ、だいぶん仲間ができました。

それより村の庄屋の玄関に、頭をさげてもとのごとく改心もどしの願いをいたしました。ところが、この庄屋の役人たちが大きに魂消《たまげ》て、大きな声にて、大きに怒り、改心もどしの願いかなわぬと怒り、それというは一升の責苦を凌ぐことかなわざる者が、改心もどしいたせば、十層倍の責めを凌ぐことかなわぬ。まだお上への願いもかなわぬと申しました。けれども「ぜひに願いをいたしまする。あなたさまが受けつけてくださらねば、高木の作右衛門さまに、このまま直訴いたしまするると願いました。

「改心もどし」とは、一度改宗したことを取り消して、もとの信仰に立ち返ることである。

次に奉行所からキリシタンが呼び出されたのは十五日であった。一同は殉教の覚悟で出願した。甚三郎の手記はつづく。

その時の覚悟は、このたびはいよいよ責め殺さるべきものなり。たとえ体がくだくるとも、天主の御恵みをもって天主さまにささげることの決心をいたしてゆきました。われら一人に綱取りが一人ずつついて、まことに厳重なしかけでござりました。

ところが、奉行所での取り調べは案外で、「その方ども、改心もどしいたすにつき、きびしき吟味いたすはずなれども、吟味中の間、官十郎にあずけ、番兵をつくるによって御用の節まで、きっと神妙にいたしおれよ」という言い渡しを受けて家に帰され、遊撃隊の兵士五十人、上長崎村の本河内付近の農民を宅番につけ、昼夜をわかたず毎日二回交替で兵士と農民とが二人で、監視を続けた。

一八六七年（慶応三年）十月二十二日、仙右衛門は新長崎奉行河津伊豆守とただ二人で岩原郷の立山役所の大広間で対面した。河津伊豆守は一八六三年（文久三年）九月二十八日、外国奉行につき、フランス軍艦キャンシャン号を長州藩が攻撃した事件やカミュ殺害事件のさい、賠償交渉のためフランスに行き、一八六四年（元治元年）五月十七日の日仏パリ約定が結ばれたさい、その使節の一人として立ち会っている。その後、一八六七年（慶応三年）十月十一日、長崎奉行として着任した。

八十三名のキリシタンが八十二名まで改宗して釈放され、仙右衛門一人が残った時には、奉行所も拷問だけは加えなかった。奉行河津伊豆守はヨーロッパのキリスト教国を見ているし、また前任奉行が解雇されたのが、キリシタンに対する拷問が原因で、ロッシュ公使と幕府との間に問題が起こったことを知っていたから、仙右衛門に対しても話し合いで改宗を求めたのである。

しかし、当時のことを考えると、長崎奉行と一農民との間にははるかな隔たりがあった。両者はその階級差を越えて対座した。応答する仙右衛門の態度は見上げたものであった。その場の状況は「仙右衛門覚書」がくわしく語ってくれる。

四　「旅」

一八六七年十一月十五日（慶応三年十月十五日）、幕府が朝廷に大政を奉還したことにともない、明治新政府が浦上キリシタンの問題を引き継ぐことになった。翌年二月十八日（慶応四年）（陰一月二十五日）沢宣嘉《のぶよし》が参与に任ぜられ、長崎鎮撫総督兼外国事務総督を命じられた。二月二十一日、井上聞多（馨《かおる》）が外国事務係に、翌日には九州鎮撫総督参謀を命じられた。三月七日（陰二月十四日）、沢・井上は長崎に着任し長崎会議所を長崎裁判所と改称した。沢は長崎裁判所総督をかね、井上はその参謀となった。四月八日、浦上のキリシタン二十六名が長崎裁判所に召喚され、井上聞多がその取り調べにあたった。この二十三人はキリシタンの中心人物であり、その中には前年の迫害で逮捕された仙右衛門以下十一名の人々も含まれていた。

同月二十九日には、浦上戸主百八十名が裁判所に出頭を命じられた。その時は「フランス寺の坊主どもにだまされるという法があるか。天皇のご先祖たる皇大神宮を拝まないとは、なんという国賊じゃ……」と説得されたが、その日は帰村した。

五月三日、井上は大坂に到着。翌日、木戸孝允に会見、浦上の情況を報告し処分の決定を求めた。木戸は井上の報告を聞いて大いに驚き、早急に首脳会議を開くことにしたが、会議は遅れ、五月十一日になってようやく大坂の行在所（大坂西本願寺）で開かれた。その結果、ことの重大さの故に御前会議にかけることが決められたのである。

五月十七日（陰四月二十五日）、大坂西本願寺の行在所で御前会議が開かれ、この会議において、主魁の長崎での厳刑と、余類三千余人を名古屋以西十万石以上の諸藩に配分監禁し、藩主に生殺与奪の権を与え、止むなきときは処分することとしたが、参与小松帯刀《たてわき》の意見具申により全員の流刑が決まった。

慶応四年六月三十日（陰五月十一日）、キリシタン処分を実施するため長崎に到着した参与木戸孝允は、七月九日、長崎府（六月二十二日に改称された旧長崎裁判所）の首脳と会議を行い、浦上キリシタンの中心人物百十四人を津和野・福山・長州の三藩に配流することを決定した。

七月十日（陰五月二十一日）、沢宣嘉が出した出頭命令「明朝六ツ刻に御用、西役所へ」が、百十四人の家々に伝えられた。全員が定刻までに出頭し、仙右衛門を頭として二十八人は亀井隠岐守の津和野へ、茂十を頭として六十六人は毛利大膳大夫の萩へ、茂市を頭として二十人は阿部主計守の福山に流罪された。浦上キリシタンたちのいう「旅」がここに始まったのである。

第二回の流罪は、一八七〇年一月六日（明治二年十二月五日）で、一年半前に流罪されていた家族が立山役所に召喚され、その夕方汽船で出発した。一月五日、召喚された戸主七百名は長崎港から船で送られたが、家族たちは離れ離れにされた。

この当時の浦上の情況を片岡弥吉氏は次のように述べておられる。

一村総流罪という、その〝旅〟は近代日本の歴史に特筆さるべき残酷物語ではあった。しかし〝旅〟に出る人々の心は明るかった。神と信仰に背くことを人倫の極悪と観じ、おのが信念と神とへの忠実さを貫くために殉教の旅に出ることは、彼らに残されたただ一つの、真の幸福への活路であったのだ。配流を免れて浦上に残ったのは三十九人に過ぎなかったと思われる。それは明治二年四月、神道宣布のため沢宣嘉が浦上皇大神宮を創建したが氏子は少なく、同年六月、キリシタン百三人が仏教に転じているが、総配流後の明治三年九月には三十九人に過ぎなかった。

浦上キリシタンは合計三千三百九十四人が二十藩に配流された。明治五～六年に赦免されて浦上に帰って来た者は二千九百十一人。その間、死亡した者六百十三人、脱走者十四人、配流中の出生者は百六十三人であった。

浦上キリシタンの配流については、慶応四年五月十四日の御前会議では名古屋以西十万石以上の諸藩に預ける方針であったのに、なぜ四万三千石の小藩石見の津和野に仙右衛門や甚三郎ら信仰における中心的人物を送ったのであろうか。考えられる理由の一つは、津和野藩が財力や文化面で実績を残していたことであり、藩主亀井茲監が平田篤胤派の神道家であり、大国隆正・福羽美静らとともに鋭意神道復興のため、神仏の分離、寺院の整理、神葬祭の制定などを藩地に施していた、ということである。亀井は同年四月のキリシタン対策についての御下問の時、思想には思想で説諭して改宗さすべきとの意見書を提出していた。福羽美静もまた、一書を差し出し、かなりの自信をもって思想によって善導すべきことを上申していた。

とにかく津和野では後述するように仙右衛門・甚三郎らを説得によって改宗させることができず、もっともひどい拷問を加える結果となった。

五　浦上キリシタン問題と国際世論

一八七〇年二月九日（明治三年一月九日）、外国人居留地外においても宣教師の活動が目につきはじめたので、政府はそれを抑えようと、横浜のイギリス公使館において、英米仏独の四か国公使と談判を行ったが、その場では逆に流罪されている浦上キリシタンを帰還させるようにとの強い要求が政府側に対し突きつけられた。

一八七一年一月二十八日（明治三年十二月八日）、金沢藩に配流中の浦上キリシタンが非人道的な処遇であることが英字新聞に掲載されるや、英公使アダムスは待遇改善を要求し、また、浦上キリシタン預りの諸藩の待遇につき合同調査をも要求した。政府はこれを機に浦上キリシタン預りの各藩に待遇改善を指図し、説諭強化を命じた。

一八七一年十一月二十日（明治四年十月八日）、政府は不平等条約改正の準備調査のため外務卿岩倉具視を全権大使とする使節団を欧米に派遣することを決め、岩倉は一八七一年十二月二十三日（明治四年十一月十二日）横浜を出帆した。

アメリカに到着した岩倉使節は三月三日（明治五年一月二十五日）大統領グラントに会見したが、その席で大統領は信教の自由を要求した。条約改正交渉のさい、国務卿フィシュは日本における信教の自由を保証しなければ良好な関係をもつことはできないし、自国の宗教を侮辱されることは、そこに住む人々を侮辱することであると、浦上キリシタンの釈放を求めた。

それに対して、日本政府の使節は信教の自由の要求は、日本への内政干渉であると退けたが、岩倉大使は条約中に信教の自由を箇条に入れるべきだと考え、条約改正の要旨を政府に提出し邪宗門禁制の高札除去を要請するため、伊藤と大久保両副使を帰国させた。しかし、その要請は承認されなかった。

七月二十二日、伊藤・大久保は全権委任状をたずさえてワシントン滞在の岩倉大使一行に加わったが、条約改正交渉は七月二十二日の十一回をもって中止され、岩倉使節一行はイギリスに渡ることになった。

岩倉使節は八月十七日（陰七月十四日）イギリスに到着したが、そこでもキリシタン弾圧に対する強い抗議を浴びた。十一月二十七日、英外相グランヴィレ卿との会議でも、英国と日本との政体に大きな相違があるのは宗教禁制のことであると、信教の自由に対する日本の姿勢は問われた。

翌年一月二十四日、フランス政府との交渉においても同じことが論議された。仏外相レミュサとの会談でもキリシタン問題が出された。東洋学者レオン・パジェスは、「日本におけるキリシタン迫害と日本の遣欧大使」という有名な報告書を仏国議会に提出し、デーパッセン・ド・リシュモン伯は、浦上キリシタン釈放を求めて議会で演説し、このことは英・独・伯・伊などの新聞にも報道された。

ベルギーに到着した使節団を迎えたのは、浦上キリシタン釈放を叫ぶブリュッセル市民の声であった。ベルギー蔵相モローとの会談で岩倉大使も宗教の儀については十分考慮したいとの旨を述べた。

オランダでも一行は信教の自由が要求され、岩倉は帰国の暁には政府の注意を喚起し、信教の自由を認めるであろう、と約束した。その間、岩倉大使は日本政府に打電して、キリシタン邪教政策の中止を求めていた。

一八七三年（明治六年）二月二十四日、ついに政府は岩倉大使の要請を受けて太政官布告六十八号をもって、キリシタン禁制の高札を撤去し三月十四日太政官通達をもって「長崎県下異宗徒帰籍」を命じた。

一六三三年（寛永十年）、徳川家光が第一次鎖国令を発してから、二百四十年間続いた迫害がここに終わった。当時十九藩に配流されていた浦上キリシタンも浦上に帰ることが許され「旅」は終わった。しかし、高札除去の太政官布告は「高札面の儀は一般熟知の事につき取り除くべき事」ということであり、明確なキリスト教解禁の布告が出されたわけではなかった。キリスト教は完全な信教の自由を獲得したのではなく、外国との条約改正交渉進展のため表面だけの信教の自由を保証されたにすぎなかったのである。キリスト教徒は明治十七年の教導職の廃止まで、神仏いずれかによる埋葬を強制されており、キリスト教独自の葬祭は許されてはいなかった。

以上のような経過を見る時、高札撤去は国際世論によって批判され、外国諸政府の強い勧告を受けた日本政府がやむなく条約改正交渉のための手段として実施したもののように考えられる。この時の明治政府には真の信教自由の理念も個人の人権尊重の思想もなく、ただ文明国家建設の体裁を整えるためだけの「高札撤去」だったのである。

〔文献〕

池田敏雄著『津和野への旅』（中央出版社、一九九二年）
浦川和三郎著『浦上切支丹史』（全国書房、一九二七年）
片岡弥吉著『日本キリシタン殉教史』（時事通信社、一九七九年）
五野井隆史著『日本キリスト教史』（吉川弘文館、一九九〇年）
F・マルナス著／久野桂一郎訳『日本キリスト教復活史』（みすず書房、一九八五年）

第二章 「仙右衛門覚書」についての分析検証

一 仙右衛門の生涯

浦上四番崩れで名を知られることになった仙右衛門は、一八二四年三月十二日（文政七年四月十一日）、長崎浦上村に生まれた。徳川初期の長崎内町の町年寄高木作右衛門家の一族、高木権左衛門を祖とする。作右衛門一家が信仰を捨てたのに対し、権左衛門は信仰を守るために浦上に移住し農民となり、その十代目として仙右衛門は誕生した。もちろん苗字は名乗らない。

明治政府のキリシタン弾圧で、慶応四年六月津和野に流され、悲惨な拷問をしのいで、明治六年弾圧停止とともに浦上に帰る。

一八六五年（慶応元年）、大浦天主堂への参観者にまぎれてプチジャン神父に信仰を表明、同神父よりひそかに教理と祈りを習い、これを信仰者仲間に教えた。自宅の一室を秘密教会（聖ヨゼフ堂）にあて、村民を集めてロカーニュ神父から洗礼、聖体、ゆるしの秘跡を受けた。

また、病人を探し歩いては自宅にともない、看護のみならず魂の世話をしたり、重体とみれば司祭を呼んで病者の塗油を依頼したりした。

一八六七年（慶応三年）、浦上農民がカトリックの葬儀を行ったことが役人に知られ、それにより八十二名とともに投獄され、殴打、不眠飢餓によって責められ、棄教を迫られたが、この時、彼一人だけが、「神だけを恐れる！」と最後まで屈しなかった。のち保釈のかたちで帰村。さきに棄教した仲間たちを彼の信仰によって励まし、棄教取消しの申し出を庄屋に届けさせた。この出来事の影響は他のキリシタン村にも波及し、信教の自由獲得に大きな役割を果たした。

翌年、津和野に配流、同地で五年間も飢えと寒さと拷問に責められ、氷の張りつめた池に投げ込まれたこともあったが、信仰を堅持した。

一八七三年（明治六年）、帰村を許され、村の建て直しに着手。当時、病人と孤児の世話をするための数人の女性が共同生活をしていた「十字会」に自分の土地と家とを譲り、自分はその隣りの狭い藁《わら》屋根小屋を住居として浦上天主堂や十字架山の土地購入に奔走した。また、伝道士として隣人に教理を説き模範を示して信仰に導いた。

仙右衛門は一八九〇年（明治二十三年）六月に、西彼杵郡長に復姓願いを出している。明治五年に戸籍編成があり、それまで姓のなかった農民・商工人たちも、村の名や地形などにちなんで姓が与えられた。仙右衛門は、その時、津和野に配流中であったが、その不在中に、戸籍係は仙右衛門の住宅が山（現在の十字架山）の下にあることから勝手に「山下」という姓をつけ、これを玄関の標札につけた。津和野から帰って来た仙右衛門は、この標札を見て残念がったが、お上からの命令であれば仕方ないと、あきらめて山下の姓で通した。しかし、山下の姓では、祖先に対しても申し訳ないと、復姓願を西彼杵郡長渥美力弥太に提出し、十月、許可された。その「願書」に「私儀家系ノ儀ハ初代高木権左衛門ト称シ、天正ノ始、今ノ長崎市内ニ人トナリ、其後天正ノ末故アリテ当村即チ今ノ浦上山里村ニ移住シテ惣乙名、慈悲役ヲ命ゼラレ、爾来連綿、高木ノ姓ヲ用ヒ来リ候……」とある（本書一三頁参照）。

権左衛門が天正末年に故あって、長崎から浦上に移住したという「願書」の一節について、天正末年（一五九一年）頃というと、豊臣秀吉発令の伴天連《バテレン》追放令から四年が経っているが、長崎の市民が信仰を棄てるよう強制されたということはなかったようである。長崎奉行が同市居住者に棄教を強制、命じたのは一六二六年（寛永三年）であり、長崎代官末次氏の棄教は一六一九年（元和五年）であり、この時期、町年寄高木作右衛門も棄教されたといわれている。権左衛門が棄教を避けて浦上に移住したとする伝聞を評価するとすると、その移住時期は、天正期ではなく、元和期になるかも知れない。

仙右衛門が復姓願を提出する時、十代前の系図から引き合いに出ている資料に、筆者は疑問を持った。なぜ、長崎代官の職まで捨てて農民となったのに、系図が面々と残っているのか、ということである。

それについて次のように考えることはできないだろうか。それは、自分たちの先祖が信仰のため、地位や名誉・財産のすべてを捨てて農民となり、浦上村に住みついたことに対する強い誇りをその時まで持ち続けていた、ということである。

前述した通り、浦上には長崎以外の地方からも、キリシタン武士が来て農民となり、信仰を守り続けた者も少なくない。仙右衛門の家に限らず、他の武士の家においても同様、家図にもとづく信仰への誇りを大事にしていたと考えられる。

また、この誇りは唯に家族だけのものではなく、浦上キリシタンの誇りともなり、相互に信仰を堅固にし団結へと導いていったと考える。

一八九九年（明治三十二年）四月十三日、七十五歳で永眠。長崎市本原町のお告げのマリア修道会の墓地に眠る。

一九四一年（昭和一六年）に建立された仙右衛門の墓石には、次のような碑文が刻まれている。

高木仙右衛門碑文

ドミニコ高木仙右衛門翁ハ文政七年浦上村本原郷辻ノ一農家ニ生ル、代々隠レテきりしたんノ教ヲ奉ジ、宣教師ノ再渡來ヲ俟ツ事旱天ニ霓雨ヲ望ムガ如シ、元治二年、プチジャン師ガ長崎市大浦ニ天主堂ヲ建立スルヤ、翁ハ率先シテ信仰ヲ告白シ、進ミテ教ヲ請ヒ、實踐躬行之レ力ムル旁奮ツテ村民ノ教導ニ當リ、自宅ヲ開放シテ假聖堂トナシ、窃ニ信徒ヲ集メテ秘蹟ヲ領ケシム。慶應三年六月、長崎奉行徳永石見守吏ヲ遣ハシテ信徒ヲ捕縛セシム、翁モ男女六十餘名ト縄ヲ打タレテ市南小島郷ノ牢獄ニ繫ガル、居ル事數ケ月、信徒ハ連日ニ亘リテ説得、威嚇拷問ヲ加ヘラレ、終ニ屈シテ改心ヲ申デシモ、翁獨リハ固ク初一念ヲ執守リテ微動ダモセザリキ、明治元年七月再ビ西役所ニ出頭ヲ命ゼラレ、同志二十七名ト石州津和野藩ニ預ケラル、津和野ノ冬ハ寒氣稟烈骨ヲ刺ス程ナルニ、翁等ハ單衣ノ儘ニテ其冬ヲ過シ、一枚ノ布團スラ給セラレズ、一日僅カ一合四勺ノ麥粥ニ其饑ヲ凌ギ三日或ハ五日ニ一度ハ必ず白洲ニ引出サレテ説得ヲ加ヘラレテモ飽マデ屈セザリケレバ、三尺牢ニ閉ヂコメラレテ、具ニ辛酸ヲナム、明治二年霜月二十六日ノ朝ノ如キハ病臥中ナリシニモ拘ラズ素裸ニサレ、氷ノ張リツメタル池ノ中ニ突込マレ、長柄ノ杓ニテ容赦モナク、冷水ヲ浴セラレ次第ニ顔色ハ蒼黒ク舌ノ根ハ硬バリ、言葉モ自由ナラズ流石ノ翁モ今ハ是マデナリト覺悟ヲ定メ、天ヲ仰ギ兩手ヲ合セテ一心ニ祈ル、役人等モソレト氣遣ヒ命ジテ池ヨリ引上ゲシム、翁ハ牢内ニアリテモ毎日熱心ニ祈リ金曜日毎ニ斷食ヲ行ヒ身ヲモ心ヲモ天主ニ獻ゲテ拷問ニ堪フベキカヲ懇請シ、斯クシテ六年ノ久シキニ亘リテヨク千難萬苦ニ堪ヘ以テ終リヲ全フスルコトヲ得タリ、明治六年四月放免ノ恩典ニ浴シ、無事浦上ニ歸還ス、明治七年岩永マキ等四名ノ處女ガドロ師ヲ補佐シ篤志看護婦トシテ、浦上ニ蔓延セル赤痢患者ノ看護に挺身スルヤ、翁ハ自宅ヲ提供シテマキ等ノ宿所トシ後ソノ修養所ニ充ツ、是レ即チ今ノ十字會ノ前身ナリ、斯クシテ翁ハ世事ヲ抛チテ專ラ天主ニ奉仕シ、傳道ト自己修養トニ餘念ナカリシガ、終ニ明治三十二年四月十三日晏然トシテ永キ眠ニ就ク、享年七十五歲、――畢竟スルニ翁ハ信仰ノ人ニシテ徹頭徹尾信仰ニ活キ善キ戰ヒヲ戰ヒ、走ルベキ道ヲ果シ、信仰ヲ保テリ、ソノ已ニ具ハレル正義ノ冠ヲ戴クニ至レリト信ズルモ蓋誤リナキニ庶幾カラン乎。

昭和十六年

孫　高木義人
孫　高木慶一
孫　高木善吾
之ヲ建ツ

二　「仙右衛門覚書」（本書一〇九～一三二頁）

（1）所在

原本は仙右衛門の家に伝わり、仙右衛門の三男仙太郎（長男敬三郎は神学生として香港に渡り、まもなく死亡、次男源太郎は聖職につく）、次いで、その長男高木ベルナルド義人を経て、現在はその三男洗者聖ヨハネ高木寛（熊本市島崎町二―十八―四七）が所蔵している。

(2)由来

原本1頁に、「本書は明治六年五月ニつわ野よりドミニコ高木仙右衛門が迫害より赦され帰郷しペテジャン司教閣下より長崎とつわ野の迫害の実情を御ききになりし時、森松次郎氏列席仙右衛門の口演を筆記されたるものなり」（本書一〇九頁）と書かれている。けだしこれは最も信憑性のある文書の由来に関する証言と思われる。

(3)形式

寸法は、横十五センチメートル・縦二十一センチメートルで、和紙を二枚折りにして、それに布紙の表紙をつけて綴じてある。全部で79頁からなり「長崎においてありたる事」45頁、「津和野の事」34頁となっている。

原本は保存法が悪かったので、相当に虫がくい、そのため一九六四年に補修が行われ、そのさい原本の四方を少し裁断している。これは文書の原型をとどめるという観点から惜しむべきことであるが、幸い切断された箇所に文字はないらしく、不幸中の幸とでもいうべきであろう。

(4)作製年月

原本を検討された片岡弥吉教授は「明治十年から十三年の間につくられたものと考えられる」と「仙右

衛門覚書」の箱書きに述べている。次にその論拠を「仙右衛門覚書」および『日本キリスト教復活史』とChaillet著（六一頁注2参照）より考察してみよう。

まず「仙右衛門覚書」に（本書一二三頁）、

私はこの時分、ただ御主様、日本の御開山フランセスコ、マルチレス又大坂のヱヒスコホ様、又今の長崎のヱヒスコホ様方の御恩などが身にしみ、目の先にあるように、その時心に覚えましたとある。

「日本の御開山フランセスコ」は、一五四九年（天文十八年）八月に鹿児島に来たフランシスコ・ザビエルである。「マルチレス」とは殉教者たちを指す。

「大坂のヱヒスコホ様」とはプチジャン司教のことであり、「いまの長崎のヱヒスコホ様」とはロカーニュ司教のことと筆者は解した。そのわけは、一八七六年（明治九年）五月二十二日、日本教区の分割が許可され、越前・美濃・尾張を境として、南韓・北韓の両教区をもうけ、プチジャン司教は南韓教区長となり、オズーフ代牧司教が北韓教区長となった(1)。一八七七年（明治十年）、プチジャン司教はヨーロッパから七月九日に神戸に到着し、大阪に司教座を定めたと、同年の十二月に手紙を書いている(2)。長崎にはずっとロカーニュ補佐司教がいた。

ロカーニュ師は一八七四年二月二十四日に長崎において、プチジャン司教より補佐司教として祝聖されている(3)。

故に、大阪の司教はプチジャン司教のことであり、長崎の司教とはロカーニュ補佐司教のことであると思う。そこで次に問題となってくるのは、この状態がいつまで続いたかということである。

Chaillet 著に、一八七五年（明治十二年）五月、プチジャン司教は二～三週間長崎に滞在、その数か月後の十一月に、健康を害していたロカーニュ補佐司教は香港のサナトリウムに行くことになり、その代りにプチジャン司教は、大阪のことをグザン師にまかせて、同月すなわち十一月にすぐ長崎に行き、定住することに決めたとある。(4)

『日本キリスト教復活史』には、一八八〇年（明治十三年）の初め、長崎に行く決心をしたと書いてある。(5)『浦上切支丹史』と『浦上四番崩れ』においては一八八〇年となっている。この相違を解明するため、もう少しChaillet 著に書いてあることを考察していくことにする。

「私が長崎に帰任して以来、大いに不充分であった神学校を再編成し、以前からいた神学生を正規の課程に就学させ、現在彼らは皆私のそばにいます」と一八八〇年三月一日に彼は書いた。(6)

とある。

ところで、神学校を再組織するためには、一八八〇年の初めから実施したとしては、少し期間が短かすぎる感があるし、またこの Chaillet 著は、プチジャン司教の生活について書かれているものであるから、年月日など詳細に記してある。この点を考え併せて、筆者は明治十二年十一月にプチジャン司教は長崎に行ったと判断したい。

故に、「仙右衛門覚書」が作製された年月は、明治十年末から明治十二年十一月までの間であろう。この間に Chaillet 著にも書かれているように、時々プチジャン司教が長崎に来て、同司教の前で仙右衛門が言上したことを、森松次郎が筆記したものと推察される。

（5）「仙右衛門覚書」の資料的価値および『守山甚三郎の覚え書』『日本キリスト教復活史』『浦上切支丹史』について

①「仙右衛門覚書」

「仙右衛門覚書」の成立年代は前項でも論証した通り、一八七七〜七九年（明治十年から十二年十一月）までの間と考えられる。また、その当時の仙右衛門の年齢は五四歳から五六歳頃である。

「覚書」の由来は原本2頁に「本書は明治六年五月二つわ野よりドミニコ高木仙右衛門が迫害より赦され帰郷しペテジャン司教閣下より長崎とつわ野の迫害の実情を御ききになりし時、森松次郎氏列席仙右衛門の口演を筆記されたものなり」と書かれている通りである（本書一〇九頁）。

筆記した森松次郎はプチジャン司教の日本語の秘書であった人物であり、プチジャン司教は仙右衛門の口述を正確に筆記させるために彼を招いたと考えられる。

また言伝えによると、その場には仙右衛門と同じ迫害を体験した数人も参加していたと言われている。

これらのことから立証できることは以下の点である。

一、「覚書」の成立年は仙右衛門が津和野から帰郷して四〜六年後のことである。

二、「覚書」成立は仙右衛門が五四歳から五六歳頃のものである。

三、プチジャン司教の招集による公けの場での口述を第三者が筆記し、また、その場には他に迫害をともに体験した者たちも参加していたこと。

以上の点を踏まえて考察する時、「覚書」は史料としては貴重な価値を有するとともに、記載内容の正確さが明らかになる。

次に『守山甚三郎の覚え書』、マルナス『日本キリスト教復活史』、浦川和三郎『浦上切支丹史』について記す。

②『守山甚三郎の覚え書』（パチェコ・ディエゴ著、二十六聖人資料館、一九六四年）

本書の成立年代は一九一八〜一九年（大正七〜八年）とされており、記録された時の甚三郎の年齢は七二〜七四歳頃となる。

本書は津和野帰郷後、時間が経ち過ぎているために、記憶がやや不鮮明になっていたり、忘失した部分もあると思われるが、「仙右衛門覚書」同様に根本史料として重要な位置を占める。

③F・マルナス『日本キリスト教復活史』（久野桂一郎訳、みすず書房、一九八五年）

同書の著者であるマルナスは一八八九年日本に九か月間滞在し、さらに、一八九三年から数か年滞在して、多くの史料を収集し、二巻からなる本書を一八九六年（明治二九年）に出版した。

本書は多くの貴重な文書を収録し、事件の記述、また体験者の聴き取りなどを記載している。

仙右衛門に関しては、「覚書」を主要な史料として活用し、さらに聴き取りによってその不足を補っている。

④浦川和三郎著『浦上切支丹史』（全国書房、一九四三年）

本書の成立年代は一九四三年（昭和十八年）である。本書の著者である浦川和三郎は長崎の司教の任にありながら、浦上キリシタンに関する史料を収集しそれを数冊の著書として出版した。本書の史料的価値は聴き取り調査などによって「覚書」や「甚三郎の覚え書」の不足を補い、浦上キリシタンの問題を日本のキリシタン史研究に取り込み、日本近代史の研究の中に位置づけたことである。

（6）「仙右衛門覚書」『守山甚三郎の覚え書』『日本キリスト教復活史』および『浦上切支丹史』との分析検証

①八十二人の改心と仙右衛門の釈放（「仙右衛門覚書」本書一一八～一二九頁）

（イ）第一章においても述べたが一八六八年（慶応三年）、幕府は外交国に対し「入牢者には拷問は加えない」と約束をしていたが、長崎においてはひどい拷問が行われていた。そして、この時の拷問で入牢者八十三人中八十二人が改心し、仙右衛門一人が牢内に残った。

この箇所について「仙右衛門覚書」の記載を中心に論述して、その経過を他の三書によって考証し補正する。

一八六七年十月五日、投獄されていた八十三人は小島牢から桜町の牢に移された。その後、牢内の式法は厳しくなり、役人は一人一人を呼び出し改心を迫った。元助は「たとえ一分刻みに刻まれても改心せぬ」といっていたが、翌日、元助・和三郎・清四郎・又市・源四郎の五人が呼び出され「綱ごろ」と称する拷問に掛けられた。それは、手足を背に廻して堅く縛り、梁《はり》に巻き上げて苔杖で打ち叩き、やがて下へ降ろして縛った綱に水を注ぐ。すると綱は収縮して肉に喰い込み、その痛さはたとえようもない。その間、甚三郎・興五郎・喜助・忠四郎・作太郎・牧右衛門の六人が呼び出され、前の五人が半死半生であり、その死声を出しているのを見た。

それを見た六人もいよいよ「綱ごろ」に遭うという時、吟味所の入口に同志の者たちがどやどやと遣って来て爪印（江戸時代、口書に罪人の押した爪印）を捺した。彼らは、拷問に使われている鞭の音や「ああ痛た！　ああ痛た！」との死声に怖《お》じ気《け》つきて、急に改心を申し立てたのであった。そうすると今まで拷問を受けていた五人も、新たに呼び出された六人も残らず改心した。

この箇所について、『浦上切支丹史』では、甚三郎からの告白話しと、また他の拷問受刑者たちからの証言などを基として豊富な記載がなされ、「覚書」や『甚三郎覚え書』に比べ内容は充実している。『日本キリスト教復活史』にはこれについての言及はない。

また、当日投獄されていた切支丹たちの名簿が長崎図書館に「異宗入牢之者名前」として保存されているが、その名簿が『浦上切支丹史』に収載されている。それによると入牢者は八十三人であり、仙右衛門の名前の上には「改心不致出牢」の記載がある（本書一八〇～三頁参照）。

(ロ)八十二人が改心した後、仙右衛門が一人牢内に残り釈放されるまでの要約は次の通りである（本書一八〇～三頁参照）。

「そのあとに私一人残りましたので、牢内の者たちは、代わる代わるに私を改心させるためにいろいろと改心を勧めました。また牢内の頭が格別にねんごろに申しました。

私はこれに答えて「あなた方の今の言葉は大変によくわかります。色身（肉体）のためだけにはこの上ない結構なことでございます。けれども天の主より与えられたアニマ（霊魂）と、その御恩をうけた天主のためには、この上ない災いですから折角ながら改心することはできません。

全く私は人を恐れません。ただ天の主だけを恐れます。どうぞお慈悲に御吟味の御用を受けさせて下さい。私は仲間が百人あるから強くなり、一人になって弱くなるということはありません。一人になっても、もとの心は少しも消えません。すると牢屋の頭が「それならもう改心せよとは言わない。私ももとは侍であるから私が殿様に忠義のため戦に出て、一人になっても殿にご奉公しようとする志も、その方が天の主に御奉公しようとするのも同然である」と言って、「もうこれからは何も言わぬ」と申しました。

そのころ役人はたびたび来て、牢屋の外から「まだ改心しないのか」と訊ねました。

この日はセスタ（金曜日）だと思いまして最後の覚悟で「歯が痛む」と言って犠牲のため朝飯を食べずにいますと、牢屋の頭があわれに思い、なさけをかけてくれました。その日の晩方に御用があり御吟味所に引き出されました。

役人より、「ただ一人強情をはっている。浦上に建っている天主堂四軒は明日焼き払われるが、それ程になっても将軍に背くのか」と叱責されました。

これに答えて、「天子さま将軍さまの言われることを聞き入れないとは申しません。天地万物のないときから天主様がありまして、天子、将軍さまもこの天主様が作りましたので、天主様が上であると思います。天主の御掟にかなうことは天子、将軍さまの言われることに従います」。また私は「この町のあたりに、キリシタンについていろいろの評判があります。それはキリシタンは天草の四郎、千々石五郎左衛門たちのように謀反をしたり、勝手自由にわがままをする者のように言われ、いずれお上もそのように疑っておられると思います。それは大きな了見違いでございます。またキリシタンは豆も小玉銀に変え、柴の葉も板金（大判・小判）にするなどと、いろいろ申されています。けれどもキリシタンはさようなものではありません。もしそうであれば、浦上のキリシタンは皆金持ちばかりでございましょう。また牢屋におりますときは狭いところにおかれて不自由でも、牢屋を破って自由にする者一人もおりません。

私は心の内に改心しないときめているので、つつみかくさず改心しないと申し上げます。その時はきびしく縛られており喉や腋の下は綱が締ってありひどく苦しく、やっとのことで申しました。

ところが目安方は、「その方は御高札のことは知っているか」と尋ねました。「私は字が読めませんが人から聞いて百も千も承知しております」と答えました。

翌朝、牢屋の頭は、「その方はこれ程に命を捧げるからには、何も恐れずお上に何ごとでも申すがよい」と申しました。

その日に御用があり、連れられて行く途中で、人々が「お前一人のために、夜も寝られず、難儀なことだ。だから改心しろ」と申されましたが、私は「改心することはできません。私も疲れているので最期が近いので、それまでの間はお世話して下され」と申しました。

この時の御用は西役所で、御奉行ら二人が、「その方は仙右衛門と申すか。異宗を信仰するうえは、このたび高木作右衛門、村乙名高谷官十郎にお預けに相なるによって、御用のときは何時なりとも出でよ。髪を剃らずに慎んでおれ」と申し渡されて、すぐに御代官の所に行きました。それから大波戸より船に乗って、また浦上の庄屋に行って、すぐにわが家に帰りました。

この箇所について「覚書」は詳細に記述している。当然のことながら、『甚三郎覚え書』には記載はない。『浦上切支丹史』の記述は詳細を極めている。「覚書」に拠って、この箇所を執筆したと思われ、その内容は、ほとんど一致している。相違点は『浦上切支丹史』では「その日はセスタ（金曜日）と思い、私は最期の準備のため腹が痛むと称して、朝飯を食べなかった」とあるが、「覚書」の原文では「はがいたむ」としか読めない。痛んだのは「腹」ではなく「歯」であったのであろう。

『日本キリスト教復活史』は、この箇所を書くにあたって資料としてクゥザン（南日本教皇代理、一八八五〜一九一一年）の書簡を用いている。彼は二回にわたって書簡を送っているが、それに基づいて書かれているため宣教師として切支丹たちが改心したことの心痛の悔しさが読み取れる。それだけに仙右衛門が改心しなかったことのよろこびの大きさをうかがい知ることができる。

またマルナスは仙右衛門が釈放された後の日曜日に、彼自身がクゥザンを訪ね牢内で受けた尋問について語っていることを記述しているが、その内容は「覚書」とほとんど一致している。

ちなみに「覚書」が作製された年月は、明治十年末から十二年十一月までの間と推察されるが、仙右衛門がクゥザンに直接話しをしてから「覚書」が書かれるまで、十年から十二年間の歳月が経過している。しかし、その内容には差異はない。

また、クゥザンは仙右衛門に会っての印象を次のように記している。

「仙右衛門は、昔は内気な切支丹で、自分の信念を述べることもできないと思われていました。今日では聖寵によって変えられ、彼の言葉も彼の目つきも人間離れしたものをもっています」。また、そこに同席したと思われるローカニューのことばとして、「私にはもう彼が分からなくなりました。もはや同じ人ではありません。彼は彼がもっていなかった知識をもって語ります。彼の声は私が今まで知らなかったような調子をもっています」（『日本キリスト教復活史』三四一頁）

と紹介している。

②津和野における氷責め――その再構成

（イ）氷責めの日の仙右衛門の様態（「覚書」本書一五四〜九頁）

「覚書」によれば、氷責めの日の仙右衛門の健康状態は、次のようであった。

それから七日ばかり熱病をしておりました時、御用と言ってきましたによって私申しますには、病気中でござります。これまで御用の時一度も不足した事はありません、よってなおりますれば、じきに参ります。それまで断りまするとと申しました所が、歩む事かなわねば、になわれてでなりとも、からわれてなりとも、今日是非とも御用に出よと二、三度も呼びに来た故に、そろそろ一人行きました。

仙右衛門について聴き取りをしたと思われるマルナスは、『日本キリスト教復活史』において、簡潔に次のように述べている。

冬のある日、仙右衛門が熱病をわずらい休んでいると仙右衛門は病気のため出頭出来ない旨役人に嘆願した。しかし役人はきき入れないので、やむなく訊問はいつもの如く行われたが、一同皆心を固く動かさなかった。同志と共に出廷した。

一方、仙右衛門と共に氷責めにあった守山は、その日の朝の様子と呼び出された場所について、次のように、かなり的確な描写をしている。

十一月二十六日木曜日に、朝六ツ刻に仙右衛門どのと私と御用に呼び出されその時は三十日前より雪が降り続いた故竹山も杉山も葉地にまがりつき、その土地、畑はおよそ二、三尺もふりかさなり、その時裁判所の向こうに四、五間ばかりの池あり、その池に厚く氷が張りております。その池の淵々四斗桶を三つならべ、それに水を汲み入れて柄長の柄じゃくをそえ同志と共に出廷した。(『甚三郎覚え書』)

なお文中に見られる「裁判所」は、いかにも近代的な用語であり、甚三郎自身が用いて書いたのか、草稿を整理・清書した者が用いたものか判断できないが、流罪先の津和野に「裁判所」云々の語は、ふさわしくないと思われ、詮議所ないし、取調所の呼称が実態に即しているといえよう。

『浦上切支丹史』の記載内容は「仙右衛門覚書」に忠実にのっとっており、他にも別の史料か聴き取りによって補足されていることが、次の一節から明らかである。

明治二年霜月二十六日木曜日の朝である、仙右衛門が熱病を患い臥せて居ると「十二名総御用」と言って来た。仙右衛門は病気を楯に出廷を謝辞した。是までは召出を受けて一度でも応じなかった例はないが病気になってはやむを得ない。全快次第出頭するから、それまでは勘弁して頂きたいと嘆願した。しかし役人はききいれない。歩む事が出来なければ、人肩に負《お》われるか、擔《にな》われるかして是非是非出頭せよと、再三催促して来た。仙右衛門もやむを得ず起きてそろそろと歩いて行った。

以上のことを整理してみると、氷責めの日とその日の役人の到着時刻は、『甚三郎覚え書』によって、「十一月二十六日木曜日朝六ツ刻」であったことが知られる。その日の前後には降雪があり、訊問された場所の近くにあった池には「厚く氷が張っていた」。

「覚書」と『甚三郎覚え書』の記載が異なるのは、仙右衛門が一人で出廷したのか、甚三郎と一緒であったのか、という点である。マルナスは、『甚三郎覚え書』を踏まえて「同志と共に出廷した」とする。しかし、五十歳前半の仙右衛門が、自ら十年前に経験した忌まわしい記憶を忘れてしまったということは考えられない。彼は確かに「そろそろ一人で」行ったのであろう。

仙右衛門のもとに来た「御用」役人の数が十二名であったことは、『浦上切支丹史』のみによって知られる。浦川和三郎には「覚書」『甚三郎覚え書』以外の情報源があったようである。

『甚三郎覚え書』にだけ仙右衛門の病気記事がないのは、甚三郎の記憶からすでに欠落していたからであろう。

（ロ）津和野藩士千葉某による訊問

「覚書」には仙右衛門の様態に関する訊問の記載がある。

ところが千葉という役人申しますには、仙右衛門その方病気であるかと申しました。答えてさようでござりまする。病気故に断わりましてもききいれ無き故参りましたと申しました。ところが勘弁はつかぬかと申しまするによって私勘弁という事は出来ませんと申しましたところが……（本書一五四頁）

この件について言及しているのは、『浦上切支丹史』だけである。浦川は、「覚書」の文章を問答体にして現代文に移し替えた。

千葉「仙右衛門其方は病気であるか」仙「左様でございます。病気だからとお断りしましても御きき入れがございませんから出てまいりました」千葉「勘弁はつかぬか」仙「勘弁と言う事は出来ません」と

仙右衛門は例によって例の如く断然答えた。

内容は両者共一致している。

（ハ）意地を通して裸にされる

仙右衛門の真骨頂が発揮されたのは、次の場面である。「覚書」からは仙右衛門の鋼《はがね》の如き信念が浮かび上がってくる（本書一五五～六頁）。

これ程まで申し聞かせても又どんなひだるさにあっても勘弁つかぬと言う。それでは裸になれ、その着物は日本の地に出来た物であると申しました。私答えて、これは私の国よりわがこしらえて着て来た着物でござる故に、脱ぎて裸になりません。長崎においては、どの様な科人でありても病気の時は全快さ

せて御用吟味を致しまするに、今私病気でござりまする故に断りましても聞き入れもなく御吟味御用致しまする。又この着物はわがこしらえて着て来ました着物であれば私は脱ぎませんと申しました所が又役人申しまするには、裸になりて池に入れと申しました（十一月時分で雪の降るじぶんなり）。又答えて私は自ら裸にもなりません。又自ら池にも入りません。たとえ火に焼かるるとも、はりつけにあうとも池には入りて水に死ぬるも同じ死ぬる命であれば自ら池には入りません。ご勝手になされと申しましたところが、自分で池に入らぬと言うによって、裸になして池の中へ突込めと下の役人に言いつけて裸にされる。

『甚三郎覚え書』に見られる次の記載は「覚書」にはない。

右三人裁判の役人それに警護の役人五、六人はかまをたかくひきしめたまだすきをしめ私共二人を引き出し、ちょんまげの頭にまいたるかみの小よりも切りのけ、着物もふんどしもとりぬけ、二人を池のへりにつれて行き……（五二頁）

『日本キリスト教復活史』と『浦上切支丹史』の記載内容は、「覚書」のそれを敷衍したものである。後者にはさらに、「何と言っても両人が応じないので遂に……土足に踏み付けた」との記載がある。

『日本キリスト教復活史』では以下のようになっている（四四九頁）。

「着物を脱いで池に入れ」と役人は仙右衛門に命じた。「脱がせようとなされば御勝手になさって下さい。自分では脱ぎません」「何に……従わぬと、お上の命令ぢゃ」「どなた様の御命令でもこの事だけは従いません。又従う義務も私にはありません」「衣物を脱いで池に入れ」と、とうとう役人は銅鑼《どら》声をあげて叫んだ。「どうぞ御勝手になさって下さい。私は何も致しません」何といっても応じないので、家来に着物をはぎとるように命じた。仙右衛門は何の抵抗もしない。寒さは骨髄に徹した。しかし仙右衛門は平然と役人の前に立っている。役人がいくらいっても応じない。ただ「どうぞ御勝手になさって下さい。私は何も致しません」とくり返すばかり。

『浦上切支丹史』の記載はもっと具体的である。

役人「これ程申し聞かせても、寒さ、ひもじさにあっても勘弁つかぬと言うならば裸体になれ、その着物は日本の地に出来た物だ」仙「これは私がこしらえて私の国から着て参りました物ですから脱げません。長崎ではどの様な罪人でも病気の時は全快させた上で御吟味を致すことになっております。只今私は病気でございますのにいくらお断り申しましてもおきゝ入れがなく、御吟味なさいますのは無法でございませんか」と仙右衛門は抗弁して動かないものだから、到頭四人して仙右衛門と甚三郎を玄関先に引き出し、銅鑼声をあげて叫んだ。役人「仙右衛門と甚三郎衣物を脱いで池に入れ」二人「脱がせようと思いなされば何《ど》うでも致しなさい。自分では脱ぎません」役人「何に……従わぬ。お上の命令ぢゃ」二人「どなた様の御命令でも、この事だけは従い得ません」何と言っても両人が応じないので遂に警固の四人に命じて両人を赤裸にした。聖母の肩衣は取上げて土足に踏み付けた。「髪の紙撚も日本に出来たものだ唐の宗旨を奉ずる奴等の頭に残してはならぬ。取れ」と言って一切剝取ってしまった。両人はされるがままに何の抵抗もしない。ただ寒さにガタガタふるえているばかり。「池へ這入れ」と言っても動かないので、……（四一六頁）

同書には仙右衛門と甚三郎が聖母の肩衣《スカプラリオ》(7)を身につけていたという言及は二か所あるが（四一六・四一七頁）、両人の覚書にも『日本キリスト教復活史』にも見られない。『浦上切支丹史』のみにある記載である。

この件については、著書が本人たちからと他の人々の証言から得たものであろう。

（二）氷責め

津和野においての拷問の中でも最も厳しい責苦といわれた氷責めについて、「覚書」では言葉数少なく、簡単に述べられているにすぎない（本書一五六頁）。

池の中につきこまれました時、寒さは体中を針でさすが如くござりました。その時オラシオを声一ぱいにおめいて申しました所が役人腹を立てて、またその上四方より水をくりかけられました。

これに対して『日本キリスト教復活史』の記載は詳細である。仙右衛門の氷責めについての描写は「覚書」にはないが、彼がマルナスの聴き取りのさいに語った内容を含んでいるかも知れない。あるいは「氷責め」の場にいてこれを目撃したキリシタンたちの証言が生かされたのであろうか。

その時後からはげしくおされて、池の中につきこまれた。（起上ってみると、水は腰の所まである。）すぐに手を合せて祈り始めた。役人たちはそれをみて嘲ける。（仙右衛門の落着きはらった忍従の態度は、役人たちには我慢ならなかった。）（痛にさわった）寒さは骨髄に徹した。（このかわいそうな受難者は寒さにガタガタふるえている。）やがて舌の根が硬ばってきた。しかし彼は両手を固く組み合わせ天を仰いでいる。役人たちは座れと命じた。彼はひざまづいた。水は口の所まできた。しかしまだ両手を高く組み合わせ、一心不乱に祈っている。次第に身体は感覚を失ない、両手はだんだん下ってきた。心は天に在す御父のみもとに走り、この責苦を最後までたえしのぶ力を願っていた。役人たちは見物人を楽しませるため頭から水をザアーザア浴せる。それが目や耳に入り、錐で刺される様に覚える。顔は蒼白となり、倒れる様に座りこんでしまった。実さいここ数分間で生命はないものと思われた。（四四九〜

四五〇頁）

『甚三郎覚え書』は「覚書」が述べていないことに多く言及しており、興味深い事実を伝えている。

二人を池のへりに連れ行き「いまいれろ」というやいなや、どんとつきおとしたるなり。その時氷は破れ、あちこち泳ぎ廻われども深うして背がたたない。真中に浅瀬あり。われのあごまでつかりその時天を眺め、手を合わせ、サンタ・マリアに訴訟の御取次を頼み、イエズスの御供を願い、仙右衛門さんは「天にましますす」の祈りを申し上げなさる。私は身を捧げる祈りを申しまする。その時役人が申しますには「仙右衛門、甚三郎、天主が目にかかるか。さあ、どうか」とあざけりました。その時つらに水をくりなげつけ、いきのとられんようにいたしました。それよりだんだん身体は冷え凍りだんだんふるいがきまして、歯はがちがちになり、そこに仙右衛門どの申さるにハ「甚三郎、覚悟はいかが、私は目が見えの。世界がくるくるまわる。どうぞ私に気をつけくだされ」もはや、息が切れんとする時にあたりて、役人が申すことに「早くあげろ」といいつけたり、その時警護の役人「早くあがれ」と申したれど「今宝の山にあがりておるからは、この池の中よりあがられん」というておる内に、……（五二～五三頁）

池の中での拷問の最中に仙右衛門が甚三郎に与えた言葉は、殉教を覚悟した者の潔《いさぎよ》さを象徴しており、「世界がくるくるまわる」極限状況にあった。彼はその時、確実に「宝の山に」あがっていたのであろう。『浦上切支丹史』は、「覚書」と『甚三郎覚え書』の両書を基にして、『日本キリスト教復活史』の記載をも援用して、より詳細な内容となっている。

池の側に引張り行き、岸から突込んだ。池はなかなか深い、頭まで没してしまう。泳ぎ廻って見ると、幸い真中に浅瀬があって、水があごまで来る。役人は白洲にズラリと居列び、さも気味善さそうに見物している。時々長柄の柄杓でザアザアと水をかける、二人は天を仰ぎ、両手を合せた。仙右衛門は「天にまします」を甚三郎は「身を捧ぐる祈禱」をとなえる。役人等は座敷から「仙右衛門、甚三郎、デウスが見えるか」と嘲ける。両人は何とも答えない。もうこれが最後だと覚悟して一心に祈っている。彼等の落付拂《おちつきはら》った態度が、役人等の癇に障ったと見え、「顔にもっと水をかけい、水をかけい」と叫び、散々毒舌を浴せる。時間は何の位であったか、随分長かった様に思われた。寒さは骨髄に徹した。身体がふるえ出してやまない。殊に仙右衛門は老体である。数日来熱を病み、疲れ果てていたので、苦しさが一入《ひとしお》強く身にこたえる。両手を緊く組み合せて天を仰ぎ、一心不乱に祈ってはいるが、しかし身体は次第に感覚を失った。両手はだんだん下がってきた。心までが遠くなった。役人たちは相変わらず水をザアーザアーと浴びる。それが目に入り、耳に入り、錐で刺される様に覚える。今はもう顔色が蒼黒くなってきた。甚三郎は気遣って「仙右衛門さん」と声をかけて見た。耳や舌の根が硬っている。「甚三郎、もう世界がキリキリ廻わるよ。わしは此のまま行くが、お前は覚悟が出来たか」という。実さいこここ数分間で生命は無いものと思われた。役人はそれを見て「甚三郎、仙右衛門上れ」と大音をかけた。仙「甚三郎、宝の山に入っているぞ。必ず上るという心を持つな。上らぬぞ。今日は二人手を引合って行くのだよ」と仙右衛門は廻わらぬ舌を廻わして甚三郎を勵ました（四一六〜七頁）

（ホ）池から引き上げられる

「覚書」の記載は次のように簡潔である（本書一五六頁）。

この時役人ども、こうして置いても死ぬる。また上げても死ぬるによって早く上げよというて池から上

げられて、

『甚三郎覚え書』は、その引き上げについて具体的である。

三間ばかりの竹の先にかぎをつけ、かぎの先に髪毛をまきつけ、力にまかせてひきよせたり、そりより氷の中よりひきあげ、（五三頁）

『浦上切支丹史』は、この『甚三郎覚え書』の内容を踏襲したものとなっている。

役人の声がかかっても二人は上らぬ。上ろうとしても実さい上る力も無い。すると三間半許りもあらうかと思われる竹の先端に鉤を附け、それで二人の頭髪をグルグルと巻いて引上げた。（四一七頁）

マルナスは、氷責めの拷問が殺すためでなかったと判断したうえで、次のように述べている。

殺すつもりでない役人たちは池からあがる様に仙右衛門に命じた。（四五〇頁）

（へ）仙右衛門に対する訊問継続と甚三郎の再度の氷責め

この二つのことは「覚書」にのみ書かれていることである。しかも、こうしたことが見せしめのために他の拘禁者であるキリシタンたちの眼前で行われていたことである（本書一五七頁）。

またもとの責め場所に据えられて、これでも勘弁はつかぬかと申されました。この時私答えまするには、こうなりてからはとても勘弁という事ありませんというて、後の言葉凍えてふるいますればいわれません。またこの有様を同じ牢屋におる者に見せて、汝らは勘弁せねば仙右衛門の通りにするぞと、役人申しました。皆答えて、その通りにされてもくるしかりませんと答えましたところが、また甚三郎という人池に入れられました。その間私御吟味を受けました。

（ト）池より引き上げられた後の仙右衛門

仙右衛門が再び訊問されている最中に、甚三郎が再び氷責めを受けて引き上げられた状況について「覚書」は、「この甚三郎池より上げれた時、焚火をして暖められました」（本書一五七頁）と記している。『日本キリスト教復活史』も「彼はやせほそり、骨ばった体はうちふるえ、歯の根も合わない。役人は藁《わら》に火をつけ、仙右衛門に暖まる様に命じた」（四五〇頁）と簡単に述べている。

これに対して、『甚三郎覚え書』は詳細であり、仙右衛門についての言及も少なくない。

雪を掃き、柴束を二つたきつけとして、割木をたててもやし、二人の体を六人をもってかこい、その火にあぶりぬくめ、又きつけをのませ本づかせたり、その時の苦しさは何とも申されませの。それより着物をきせ、また裁判にすわらせ、役人申すには「仙右衛門は本のところに入る、甚三郎は町の改心のものおるところの三尺牢屋に入れて、げん重にいたせ」といいつけたり。そのところは、そこより道のりおよそ三合ばかりあります。その三尺牢に入れられ、身体の震こと、その晩にてもやまず、（五三〜五四頁）

『浦上切支丹史』は、右の『甚三郎覚え書』を忠実になぞり、さらに詳しい記述となっている。

次で玄関先の雪を拂って火を燃やし、頭と足と胴とを三人で抱えて暖めたが、暖まりの入った時の苦しさは全くのみでえぐられる様であった。

体が自由になった時、先に脱がした衣服を着せた。聖母の肩衣は土足に踏付けてあったのを拾い上げ、水で洗ってかけた。それで直に牢内え帰してくれるかと思えば、なかなかそうではなく、蓙の上に両人を座らせて又また説得を始める。役人「この通りにされても、まだ改心する気にはならぬか。この後は品をかえてもっと甚い責苦にかけるぞ」と威嚇した。しかし両人の心は鉄石だ。その位の威嚇に辟易する彼らではない。役人も到頭もて余した。役人「仙右衛門はそのまままもとの牢に帰れ、甚三郎は年こそ若けれ、他人の妨げをする、三尺牢に叩き込め」と下知した。(四一七頁)

(チ)仙右衛門の牢帰りと本復

仙右衛門が牢に戻った時の状況と、数日して熱が引いたことが「覚書」には簡潔に述べられている(本書一五七頁)。

少し暖まりてから、友達どもが着物を着せて帰りましても、しばらくの間ふるいました。歯もぬくるがごとくござりました。けれども、二三日暮しましたところが、もとの熱病まで直りました。

『日本キリスト教復活史』は「覚書」の文脈にそって、理解しやすく解説している。

それから牢にかえった。全く凍えて帰ってきた仙右衛門をみて、牢内の人びとは衣服をぬいで仙右衛門に着せた。それでも暖まりそうもないので、彼のそばに臥して彼らの体温で暖めた。仙右衛門はその時から以前の熱病は全くよくなってしまった。(四五〇頁)

『浦上切支丹史』は「覚書」と『日本キリスト教復活史』に基づいて書かれたものである。『甚三郎覚え書』に、この点について記載がないのは、当然といえば当然である。

牢内の同志は仙右衛門が、わなわなふるえながら帰って来たのを見て、各自の衣服をぬいで彼に着せた。それでも暖まりそうに見えないので、彼の左右に臥して自分らの体温をもって暖めた。仙右衛門はその時から前の熱病もケロリといえてしまった。(四一七頁)

(リ)小結

「覚書」の記載内容は、『甚三郎覚え書』のそれと若干齟齬《そご》するところがあるとはいえ、大筋では肯定される。また、この「覚書」に依拠し、甚三郎本人やその他の目撃者たちからの証言を得て書かれた『日本キリスト教復活史』は全面的に「覚書」の記事を採用していることが、これまでの検証によって確認される。このことは、同書が、「覚書」なしには、浦上キリシタンの復活について書くことができなかったことを意味している。そのあと二十数年を経て、『甚三郎覚え書』が作成されているが、このことによって、仙右衛門の「覚書」の記載はさらに実証され、補強されることとなり、『浦上切支丹史』においても、「覚書」に依拠し、その骨格を形成するにいたったと結論づけることができる。

③仙右衛門、役人から鍬で打たれる（「覚書」本書一五九頁）

この節は「覚書」と『日本キリスト教復活史』において言及されているが後者は、「覚書」を基にして、これを他の史料や聴き取りによって補足・補充したものである。

「覚書」

この中にさんするもの気違いになりしたる者あるゆえに、今近き所におる中に、かれこれ気をつくるがために、この尼寺にひそかに行きておりましたところを、役人ことを知りて仙右衛門逃げたかというて、髪をつかんで、連られて行きました故に、その道理をいいわくるとしましたところが、打殺してもかもわんという勢いをもって、長き鍬の柄にて、頭を二打ちまた背中を二打ち打たれた時、土地にたおれました。頭より血がふきいでました。この時、同じ牢屋におる者よりかかえられて帰りました。

『日本キリスト教復活史』

飢えに苦しみ、ある日、僅かな食物を求めに外に出るために壁に穴をあけようとした。しかし、彼らがそれを始めると、直に牢番に見つかってしまった。彼は怒って、そこにあった一種の鋤をつかんで仙右衛門の頭と肩の上を二回強く殴った。血が大量に飛びだし、彼の仲間は血をどうして止めたらよいか、最初は分からなかった。そのうちの一人が自分の着物の一部を引き裂いて、仙右衛門の頭をきつく結えたので、徐々に血の流れるのは止った。心弱く棄教し、その代わりに自由に外に出られるようになった者のうちの何人かが、この話を聞いて負傷者の許に薬や食物を送り届けることができ、間もなく彼の傷は治った。しかし、彼の苦しみが終わったわけではなかった。（四五一頁）

「覚書」は書いていないが、『日本キリスト教復活史』では改心者が非改心者に協力をしていたことを明記している。

また「覚書」にも記述されていない出来事が同書に述べられている。同書が、仙右衛門の「覚書」以外の多くの情報によって書かれたことを示すものである。甚三郎からの聴き取りや津和野に捕らわれていた者によって著者に与えられた情報であろう。

彼の牢のなかでは何本かの梁《はり》が藁縄だけで屋根に結えられていた。この縄がすり切れて一本の梁が彼の頭上に落ち、やっと癒着した傷口が開いてしまった。その時の彼の苦しみは非常に激しく、死ぬかと思うほどだった。

この箇所は『甚三郎覚え書』（中断されているので）にはない。『浦上切支丹史』には全く書かれていない。また、牢内の屋根の桁《けた》が落ち、仙右衛門が大怪我をしたことは、「覚書」にも書かれておらず、右の『日本キリスト教復活史』のみにある全く新しい記事である。他のところでも、例えば源太郎などに関する事柄についても新史料があったことが推測される。

なおマルナス(8)は忠実に「覚書」を利用しただけでなく、彼の第二回目の日本滞在中（一八九三＝明治二十六年から数年）に、仙右衛門や他の受難者らに直接会い、生々しい体験談を聴き取り、史料を集めたことが知られる。

三　見舞状（本書一六六〜七〇頁）

「仙右衛門覚書」「切支丹牢屋ノ唄」と同じく、仙右衛門の曾孫、髙木寛が所蔵している。

見舞状の終わりに「よふせふ」と署名してあるように、この見舞状はロカーニュ・ヨゼフ・マリア師(Laucaigne Joseph Maria)が、津和野の牢獄にある仙右衛門とまた共にある人びとに宛てた書簡である。これを代筆した人が誰であるか判明しない。「仙右衛門覚書」を筆記した森松次郎の書体とは異なっている。

作製年月については、一八七〇年（明治三年）浦上キリシタン総流罪の最中、仙右衛門の長男敬三郎はじめ十三名の神学生、国語教師阿部真造、石版見習生五名らをともなって、彼は上海に避難、さらに香港に渡り、その郊外のショウザンという広東教区の神学校に落ち着いた。しかし間もなく敬三郎ら三名が熱病にかかり死亡した。ロカーニュ師も重病にかかったが、一八七一年に長崎に帰任した。この頃、彼はこの見舞状を書き、誰かの手に託したのであろう。

見舞状の中に「去年の五月十一日に敬三郎、唐の国に死にました」とあり、また見舞状の末尾に「四月十一日」と書いてある。

「去年」とは敬三郎と同時に広東教区の神学校で死亡した松尾末吉及び神学生西田豊三郎の墓碑文に「天主降生一千八百七十年……」と書かれているので、一八七〇年のことと推察される。故に見舞状が書かれたのは、一八七一年（明治四年）の四月十一日となる。次に問題となるのは、この「四月十一日」が西暦か邦暦かであるが、定かではない。日本が西暦を採用したのが明治五年（実際には六年）からであり、日本の慣習で邦暦であると見たい。

ロカーニュ師の右側の胸にイエズス・マリア・ヨゼフの聖名の頭文字「ＪＭＪ」が記されていたことが、師の病気中に発見されたそうであるが、この見舞状の冒頭に、「ぜずす・まりあ・よぜふ」と書かれていることと考え合わせて、彼の深い信心生活がうかがわれるような気がする。彼は信徒発見以来、浦上の各郷で布教に活躍、その愛する信徒を何とかして勇気づけ、苛酷な拷問に屈することなく、ただひたすら神に依り頼み、最後まで信仰を守り通すよう、愛情こめて述べている。

四　切支丹牢屋ノ唄（本書一七三頁）

この唄は、仙右衛門の次男源太郎の手帳の中に、赤インクで書かれている。源太郎手帳は、「仙右衛門覚書」や見舞状と同じく、髙木寛が所蔵している。

この唄が、一八六七年（慶応三年）に始まり、明治六年に終わったキリスト教大迫害中、信徒たちが、各地の牢屋でうたったものであろうか。今までのところ、どの資料にも「切支丹牢屋の唄」をうたったということが書かれていないので、そのはっきりした証拠はない。

この「切支丹牢屋の唄」の一節において、神の御ひとり子主イエズス・キリストがこの世に降り給うたのは、一体誰のためであろうか。それは私のためとうたい、二節以下では、聖母と自分たちを結びつけている。聖母と共に栄光を受けるまで十字架を分かちあおう。聖母はわれわれのため共に十字架のもとで嘆いて下さる。その母に自分は願いをかける。

五節ある中で、三節まで聖母を織りこんでいる。聖母の唄であれば、それは当然であるが、これはキリシタンたちが牢屋の中で信仰者としての魂の叫びとしてうたった唄であり、また祈りであった。その唄の中に始めは主についてうたい、次に聖母についてうたっているのであるが、この唄から考えられることは、彼らは聖母のうちに、人間の本性として求める心のふるさとと、やさしい母性を見出していたのであろう。

一八六五年三月十七日の信徒発見も聖母の御像を通して行われたものであり、ここに「マリアを通してキリストへ」という母なる教会の教えを二百有余年もの間守り続けてきた、ひたむきな信仰が表れていると考える。

また一方、現世的なものに対して完全なあきらめを持ち、なにものにも望みを持たず、ただひたすら来世に希望を置く一途な、そして単純、素朴な根強い信仰が見られるが、その陰に、何かあわい悲しみ、淋しさが漂っているように思われる。五節で風がものをいったなら、ことづけを頼もうというところは、神にひたすら直結したいという気持ちを表しているが、次の行で、風は音ばかりたてて、私の頼みを達してくれそうもないという淋しいあきらめの気持ちが出ているようである。

もし、この唄が後年信仰の勝利を記念するために作られたものであれば、もっと勝利の喜びをうたっているはずである。この唄は、牢屋の中でいつ終わるともしれない、厳しい迫害の下に、来る日も来る日も、拷問、飢餓などに苦しめられつつ、また自分の弱さと戦いながら、聖母を通して神にひたすら依りすがろうとしているキリシタンたちの心情を吐露している。実際に牢屋の中でうたったものと推察される。ここに書かれている通りの文句でなくても、大体これに似たような文句でうたっていたものを、のちに源太郎が書き改めたとも考えられる。

五　次男源太郎について

仙右衛門の次男である源太郎は、一八六五年（慶応元年）十一月頃から、兄敬三郎と共に浦上天主堂の司祭館で、ロカーニュ師から教理やラテン語を学んだ。かなり利発な性質で、天主堂に来たその日から、ロザリオをしきりに欲しがった。ロカーニュ師から使徒信条を暗記したらあげようといわれると、一寸の間に覚えてきて、望みを達したという。

ある日、仙右衛門は五歳になる末の息子、仙太郎を連れて、プチジャン師のところにやって来た。そしてこの子供はまだ籍に入っていないから、お望みのように外国の神学校へでも連れて行かれてもかまいませんと申し出た。仙右衛門はいかなる障害を排してでも、もし思召があれば、自分の息子たちを司祭にしたいという熱い望みを持っていた。敬三郎と源太郎の二人の息子たちも宣教師たちに、一生身を神に捧げて、司祭になりたいとの望みを打ち明けていた。

ロカーニュ師たちは、司祭館の二階の天井裏を秘密のうちに改造して、源太郎のような少年たちを集めて勉強させる隠れ場をこしらえた。十二月の聖母無原罪の御宿りの祝日の少し後に完成したので、「無原罪の御宿りの間」と名づけた。これが長崎神学校の発端をなすことになるのである。

一八六六年二月四日（慶応元年十二月十九日）、プチジャン師は与作・敬三郎・源太郎の三名に条件つきで洗礼を授け、翌五日の日本二十六聖殉教者の祝日に、「無原罪の御宿りの間」で、早朝より御ミサをあげ、この三人の少年に初聖体拝領をさせた。二百年以来初めて日本人の胸に御聖体が宿り給うたのである。宣教師の喜びはたとえようもなかった。なんとかして、これら少年たちを日本から連れ出し、ペナンの神学校に入学させたいと望んだが、現状では実現しそうもなかった。八月十五日には仙右衛門ほか九名の初聖体拝領者があった。十月二十一日にはプチジャン師は司教に祝聖された。

一八六七年自葬事件が発火点となって、浦上キリシタン問題が表面化し、同年七月には信徒六十八名が捕縛、翌六八年七月、仙右衛門ら百十四名が津和野・福山・萩に配流された。

プチジャン司教はこの不安、混乱の中では勉学させることもできないので、浦上の深堀徳三郎・深堀儀右衛門・深堀達右衛門・今村兵四郎・深堀市五郎・村上喜八郎・真田善之助・髙木源太郎、平戸の有安浪蔵、五島の峰下今七の十名をクゥザン師に引率させて、ペナンの神学校に避難させることにした。一八六七年七月二十八日、上海に向かう外国船があり、司教の依頼を快く引き受けてくれたので、クゥザン師は船客として乗船し、ポアリエ師は夜半学生を波止場に連れ出した。船は錨を上げ、税関吏が退去すると一隻のボートが下され、波止場に漕ぎつけ、学生たちを乗せて本船に追いついた。三日のち上海に上陸、外国宣教会の会計部に十八日間潜伏、その間に丁髷《ちょんまげ》を切り、洋服に着がえ、そこからさらに香港に渡り、二か月滞在ののちペナンに行き、そこの神学校に入学することになった。

マライ半島の西海岸にあるペナンは、気候が悪く、日本の神学生に合わず、少なからず健康を害した。暖かい手が差し伸べられてはいたが、誰一人日本語の分かる人とてなく、その淋しさ、苦悩は年若い彼らにとって大きな犠牲であった。クゥザン師は間もなくペナンを発ち、日本に帰ることになった。この別れは彼らにとって慈父と別れるような切なるものがあった。またクゥザン師も日本の迫害状況がどうなっているか知るよしもなく、あたかも殉教の旅に出るような気であった。

一八七二年になって東京は長崎より、あまり迫害が厳しくなかったので、司教はペナンの神学生を東京の神学校に呼びもどすことを決心した。この間四名の神学生が死亡し、三名は勉学を続けることができなくなっていた。

一八七三年十二月三日フランシスコ・ザビエルの祝日に、深堀達右衛・有安秀之進・高木源太郎の三名はプチジャン司教より剃髪式を受けることになった。この日の喜びを司教は次のように書いている。「来る聖フランシスコ・ザビエルの祝日に、日本人最初の神学生の剃髪式が行なわれます。今この神学生たちは哲学科ですが、その中には、私が初めて洗礼をさずけたわれわれの最も善良な伝道士であり、また信仰堅固なドミニコ仙右衛門の息子ヨハネ・バプチスタ源太郎がいます。この聖フランシスコ・ザビエルの祝日は、私の生涯で最も喜ばしい日の一つとなるでありましょう(9)」と。

しかし彼らの健康は思わしくなく、何回も勉強を中止しなければならなかった。プチジャン司教の苦労は並大抵ではなかった。一八七五年、源太郎たちは長崎の神学校に移った。

一八八〇年（明治十三年）十二月八日に、三名は下級四段（守門・祓魔師・読師・侍祭）の品級を受け、翌年一八八一年、復活祭の前日副助祭に、同年十二月十七日には助祭にあげられた。その式後、大浦天主堂の前庭に建立された大十字架を、プチジャン司教は祝別した。最初の日本人助祭が誕生した日の、教会と信徒たちの喜びが、この大十字架にこめられているのである。

そして、一八八二年（明治十五年）十二月三十一日、この三名の日本人神学生は司祭に叙階された。「昨日は私たちにとって、記念すべき大祝日でありました。三人の若い日本人が司祭にあげられたのです。なんと大きな喜びでしょう。ロカーニュ補佐司教と多くの宣教師、それに三千人の信者がこの式に参列しました」[10]と司教はパリの外国宣教会本部への手紙に述べている。

プチジャン司教は、できるだけ全部の司祭と、多数の信者が参列するように、式の日を御降誕祭後に決めた。この記念すべき叙階式には、二人の司教と十七名の司祭、そのすぐそばの最前列には、感涙にむせんでいる仙右衛門がいた。彼は、かの老シメオンの賛歌、

　今ぞ、主よみことばのままに、
主のしもべを安らかにゆかしたまえ。
　わがまなこ、み救いを見たれば、
これぞ主が万民の前にそなえしもの、
　異邦人を照らす光
み民イスラエルの栄えなる

を心から歌っていた。これほどの喜びを頂いた今、もう何一つ思い残すことはないと仙右衛門は考えたのだった。しかし神は彼をまだしばらく浦上の谷に、信仰の勝利の生きたあかし人として残しておくよう思召されたのである。仙右衛門の背後には三千人の信徒が参列し、喜びを分かち合っていた。[11]

かつて、初代日本教会において、一五四九年（天文十八年）フランシスコ・ザビエルが布教を始めてより五十二年目の一六〇一年（慶長六年）に初めて、セバスチアン木村、ルイスにあばらという日本人の二人の神父が叙階されたのが、日本人司祭の端緒であるが[12]、復活教会においては、信者発見後十六年で三人の日本人司祭を持つことになったのである。それは復活教会に、二百有余年、七代にわたって信仰を伝えてきた信者が多くいたことと合わせて、司祭職に対する七代相伝の愛情と尊敬を持ち続けていたことが、召命の恩恵

を頂く原動力となって表れたのである[13]。

（1）Ｆ・マルナス著／久野桂一郎訳『日本キリスト教復活史』（みすず書房）四八五〜四八七頁

（2）J.B. Chaillet, *Lauréat de l'Académie française : Mgr. Petitjean et la Résurrection Catholique du Japon au XIX siècle*, M.Ph Chaillet, 1919, p.374.

（3）Chaillet, p.336.

（4）Chaillet, p.388·415.

（5）マルナス・五二〇頁

（6）Chaillet, p.415.

（7）聖母の肩衣《スカプラリオ》について『新カトリック大辞典』によって説明する。〔仏〕scapulaire　肩（〔ラ〕scapula）と胸に掛ける二枚の布。幅は肩幅、長さは膝までのものが徐々に長くなり、くるぶしに達する。昔のイタリアでは農夫の仕事着だった。教会史のなかで次のような発達をみた。

①ベネディクトゥスの『戒律』で修道士の労働用着依。十一世紀頃、修道服の一部となり、肩に負う十字架、キリストのくびきを象徴するようになる。色、形は異なり、各修道会の特徴を表す。なかでもドミニコ会、カルメル会のスカプラリオが有名。スカプラリオには、それを身に着けて死に臨む者の救いを聖母マリアが保障するという特別な恩恵があると信じられている。聖母の衣を身に着けることはキリストに日々生かされて永遠のいのちに導かれることを意味する。②修道的身分が救いに不可欠と考えられていた時代、信徒で修道会の霊性を生き、修道者の祈り、功徳に参与したい者は特定の修道会の第三会、または信心会へ入会し、修道服の一部であるスカプラリオを縮小したものを身に着けた。③一六世紀以降、細いリボンでつないだ、より小さいスカプラリオが普及し、約一七種が公認された。片面にイエスの聖心、もう片面には聖母の像が刻印されたメダイユでも後に代用できるようになった（四九六頁）。

すでにこの時代、キリシタンたちが聖母の肩衣《スカプラリオ》を身につけていた事実は、宣教師たちの聖母マリアへの信心の強さと、またその指導の細やかさを証しているのであろう。

（8）マルナス（Francisque Marnas）について略述する。一八五九年三月十一日リヨンで生れた。リヨン大神学校で哲学、ローマで神学を研究し、神学、教会法博士号をとった。一八八八年リヨンにおいて司祭叙階。リヨン留学中の稲畑勝太郎氏との交友によって、日本カトリック教会に興味を持つようになり、一八八九年日本へ旅行し、九か月間滞在した。一八九三年から数か年の日本滞在の折り史料を集め、二巻からなる *La "Religion de Jésus" (Iaso ja-kyo) ressuscitée au Japon dans la seconde moitié du XIXe siècle*（1897）を著述した。

同書で、キリシタン前史、パリ外国宣教会による日本宣教の端緒、信徒発見、浦上四番崩れ、明治政府の弾圧、旅の話、近代日本の夜明けなど、一八九五年までが扱われている。本書は多くの貴重な文書を収録し、事件の記述などによって、重要な価値を持つものである（久野桂一郎訳『日本キリスト教復活史』一九八五年）。

一九〇八年三回目の日本旅行を行い、数か月間滞在した。一九二一年クレルモン・フェランの司教に祝聖され、一九三二年十月十三日逝去した。彼は日本における布教に生涯関心を持ち、援助を惜しまなかった（参照：『日本キリスト教復活史』および『カトリック大辞典』V、二六頁）。

（9）Chaillet, p.413.

（10）Chaillet, p.418.

（11）マルナス、五四九頁。

（12）H・チースリク著『キリシタン人物の研究——邦人司祭の巻』（吉川弘文館）二〇頁。

（13）マルナス、五五〇頁。

第三章　キリシタン禁制高札撤去の背景
――従来の研究の問題点を洗い直す――

一八七三年（明治六年）二月二十四日をもって、全国に掲示されていたキリシタン禁制の高札が撤去された。しかし、この時点においては、信教の自由が公認されたのではなく、キリシタン弾圧の法的根拠となっていた高札が取り除かれただけで、信教の自由は黙認ということであった。

しかし、この高札の撤去は一六一四年（慶長一九年）に始まったキリシタン禁制が、二百六十二年ぶりにその効力を失なったことであり、日本においては実質的には信教の自由獲得の出来事である。

その後、一八八九年（明治二二年）二月十一日に発布された大日本帝国憲法の第二十八条において「日本臣民ハ安寧秩序ヲ妨ケス、及臣民タルノ義務ニ背カサル限ニ於テ信教ノ自由ヲ有ス」と日本国としては、はじめての信教の自由を保証した。

一　従来の研究の動向

これまでのキリシタン流配と信教の自由獲得に関する研究は多くの分野、つまり歴史学・宗教学・国際政治学・法学そして文学などにおいて取り扱われてきた。

しかし、これらの研究には偏《かたよ》りがあったのではないかと指摘する研究者も出ている(1)が、筆者も長年この問題について考察し続けてきた。本章で筆者の考えを述べる。

従来の研究の主旨は、第一にキリスト教関係者（なかでもカトリック）が中心となっての研究で、キリシタン教会内部の問題にこだわったものが多いのが特徴。また、激しい迫害にもめげずに信仰を持ち続けた信徒と、それを命をかけて守り通した外国人神父の宗教心を顕彰するのが通例。

そしてこの研究をつらぬいているのは、外国人神父や公使・領事がキリシタン弾圧に強く抵抗し、それによりキリシタン禁制の高札が撤去されるにいたる大きな役割を果したたという主旨。

第二としてキリシタン弾圧と信教の自由獲得に大きな関心が向けられている点。それをまとめると次のようになる。

①大政奉還により江戸幕府から誕生した維新政府は、かたちの上では「四民平等」を掲げて国際的に開国主義を目指して新政府を立ち上げたが、宗教の政策においては江戸幕府の禁圧政策と何ら変化もなく、引き続き旧幕府に劣らぬ弾圧を取り続けた。

②明治政府になってもキリシタン弾圧を続ける政府に対し諸外国からの抗議と反発を受けながらも一八七一年十二月二十三日、岩倉具視を全権大使とした一行はアメリカに向けて出帆した。その目的は五か国との修好通商条約の改正と関税自主権の回復や治外法権の撤廃を目指し、さらに欧米諸国の諸制度や文化を視察することにあった。

③岩倉使節団を迎える欧米諸国では、例外なくキリシタン弾圧に対する激しい非難と抗議を受け続け信教の自由を求める要請に直面する。

④欧米諸国との接見を通し、岩倉使節団はこれ以上諸欧米国との外交関係を悪化させることを憂慮し、キリ

シタン禁教令の廃止を留守政府に進言。

⑤その結果として明治六年二月二十四日キリシタン禁制の高札撤去にいたった。

このような図式で考えると、キリシタン弾圧の歴史を持つ日本における信教の自由獲得は外国側の明治維新政府への抗議によってのみ達成されたとしか考えられない。つまり、これまでの研究の特徴はいずれもキリシタン流配を契機として諸外国側からの抗議によって日本政府が動き、信教の自由が獲得されたとするものである。すなわち外圧が信教の自由獲得の決定的要因との考え方である。

第三の研究としては、第一に、維新政府と諸外国との関係をめぐる交渉の経緯及び維新政府と諸藩との関係、第二に、政府内部の行政官僚と神祇官僚との関係などから、キリシタン流配事件の全体像を捉えようとするものであるが、前者は豊富な研究の蓄積があるのに対し、後者については史料も研究も少ない。またキリシタンの処置を中心としての宗教と近代国家の形成を検討するための研究資料は必ずしも多くはない。まず当時のキリシタンに関わる問題をとりあげるためにも、神道や仏教などの宗教と、国内法及び国際法の研究も必要となる。そのための史料としては各地の史料や諸外国の公使、領事、教会関係者の外国への報告書などが必要となるが、それらの史料が国立公文書館、外務省所蔵の公文書などが未整理であり、それに加えキリシタン関係藩、県文書の多くが未公開であるため研究は難問に直面している。

本論では、従来見過ごされてきた流配キリシタン自身の存在と、その信仰に注目することによって、すなわち彼らの日常生活における信仰と、それによって培われてきた信念に光を当てることによって、彼らの存在こそが禁制撤廃のための主要な原動力となったことを、また、そのキリシタンを支援し続けたローマカトリック教会とこれまではキリシタン禁制高札とは直接関係づけられていなかったG・H・F・フルベッキの役割について論証するものであるが、しかし、これまでの研究による信教の自由獲得の要因とされた「諸外国からの政府に対するキリシタン弾圧への抗議」と「キリシタン預託先の諸藩（県）と大蔵省の事情」を軽視するものではない。

二　従来の研究に関する問題点の考察

これまでのキリシタン流配と信教の自由獲得に関する研究の多くが、キリシタン宗門禁制の高札撤去の直接的要因として、

第一　岩倉具視がヨーロッパより打った電報

第二　伊藤博文がパリより大隈参議、副島外務卿に送った書簡

この二点を根拠としていた。

ところでこの根拠としていた二点について、その問題点を考察する。

第一　岩倉大使からの電報に関して

岩倉大使からの電報に関しては欧州からの打電での進言に答えて、留守政府は一八七三年（明治六年）二月二十四日、太政官布告第六十八号をもってキリシタン禁制の高札を撤去した。またそれにともない三月十四日には太政官達をもって「長崎県下異宗徒帰籍」が発せられた、と結論づけている。

ところで問題となるのが「岩倉大使よりの電報が、いつ、どの国から打電され、どのような内容なのか」である。その点が明確にならない限り従来の研究の根拠が揺らぐこととなる。

そこで岩倉大使よりの電報の原文を探すため国立公文書館、外務省所蔵の政府文書及びインターネットで

閲覧可能な範囲の公文書を検索したが、発見することができなかった。一説[2]によると、当時の留守政府の館が大火で焼失しており、その火事で消滅した可能性もあるとのこと。または公文書館において未整理で未公開史料の中に存在するのかもしれないが、いずれにせよ岩倉大使よりの電報の原文を検索することはできなかった。

そのためその電報が発信された場所（国名）といつ打電されたのかを明白にすることができなかった。それ故であろうか、キリシタン関係の研究者たちの間でも岩倉大使からの電報が発信された場所がバラバラである。一説によると国名を示さず「欧州」[3]からと書き、また他に「ベルギーのブリュッセル」[4]、はたまた「ベルリン」[5]と記述したものもある。もし岩倉大使の電報とキリシタン禁制高札撤去との直接的結びつきを考えるなら、発信された時期と合致するのが「ベルギーのブリュッセル」であろう。

その理由は使節団がパリからベルギーのブリュッセルに到着したのが二月十七日であり、ブリュッセルからハーグに出発したのが二月二十四日である。その間、ブリュッセルでは市民から日本政府が取っているキリシタン弾圧政策に対し、はげしい抗議を受ける事態にも遭遇しており、使節団の中でもかなりの動揺があったのではないかと考えられる。これらを考慮する時、岩倉大使が留守政府に発信し、それが二月二十四日の禁制高札撤去と直接結びつくものであるならベルギーのブリュッセルから打電されたと考えるのが妥当であろう。

また、もう一つの理由は、一八七三年（明治六）二月二十三日、岩倉大使・山口副使はベルギー国大蔵大臣ジュレー・マロ（Jules Malou）と会談した。問答は次の通りであった。[6]

（蔵相）今一事は宗教の事に候、宗旨の事は既に欧州にも多少の人命を損し候位の儀にて、兎角六ツケ敷ものには候へ共、即今は開化に赴き全く争論無之候、御国にても御国民の西教に入候もの、厳酷の御処置無之、信徒自由相成候様、御変革有之度、此儀は別して御勘弁可有之候

（大使）宗教の儀は我政府にも頗る注意いたし、既に古来の法に比し候へは余程寛裕の処置に至り候位の事に候、猶篤と勘弁可致候

この会議で岩倉大使は「古来の法に比べ、余程寛裕の処置に至り……」と述べており、岩倉大使の考えの中では日本の留守政府の決定を心待ちにしていた時期だったとも考えられる。

ところで、岩倉大使が打電した国を「ベルリン」とする説の根拠は考えにくい。使節団がベルリンに到着したのは三月九日であり、その時期には日本においてはすでに禁制高札は撤去された後である。

第二　伊藤博文の書簡

伊藤博文が一八七三年（明治六年）一月二日（明治五年十二月三日を明治六年一月一日として太陽暦を用いる）、パリより大隈重信参議、副島種臣外務卿に送った書簡の件であるが、従来の研究者の多くが、この伊藤の書簡は使節団が欧米の諸国を歴訪した国々からキリシタン弾圧を非難されているうちに、全権団の考え方も変化していった。その結果を伊藤博文が代表して留守政府に書簡を送付した、との見解で伊藤書簡とキリシタン禁制高札の撤去と結びつけ、その撤去の根拠としている。

ところで伊藤書簡の内容は、

各国政府の意向は、西教を忌みにくむという、東洋旧来の風習を懸念する心が脱け切らないようである。法律の寛厳を論ずるよりも、旧習に固着して政治までも偏頗の処置になることを恐れている様子が十分うかがわれる。現今学者の議論などはややもすれば宗教の害を論ずる者も数多あるけれども、一般人心

は決してそうではない。……宗教のことはただ黙認して法律上で区別しないのを根本としたがよいと思う。……現に高札等に耶蘇の禁令あることはよく熟知するところであるから、わが国で宗教は黙許であるなどと西洋人にいうことはできない。……また事実に基づき理屈を推して考えると、国家が禁令を掲示し、それが行われなければ国威は立たない。また誠心赤子を安んずるという訓《おし》えにも恥ずべきことである……宗教の禁のごときは、わが国民を圧制するだけで外国人のわが禁令を犯してもこれを防ぐことはできなかった。阿片禁止令のごとく自国民と外国人とを問わず犯す者はどちらも処罰できるようでなければ禁令とはいいがたい。(7)

と書いているが、この内容をどのように解釈するかは各自の判断によるものであろう。

一説にはこの伊藤の書簡が留守政府に対してキリシタン禁制を撤去することを強く進言したと解する者もある。(8) そこで次に、先の書簡を送った伊藤がその約一か月後の一八七二年一月二十九日（明治六年）に井上馨に宛てて書簡を送っているのでその一節を紹介する。

たいがい（各国との応接は）教法寛恕と内地往来（＝内地開放）にとどまり申し候。英仏両国の応接にては、まず急に差し許しがたしと申すことに決答仕り置き申し候。いづれ帰国のうえ、改定の期に臨み候うえ、熟議物と存じ奉り候。欧州学者の議論にては、教法なども はや度外に置き候説もこれあり候えども、宗旨信仰の徒、或は僧侶のために、政府はやむをえず、寛恕の説を我に迫り候様、あい窺われ申し候、

と伝えている。(9)

この文面から考察して、必ずしも伊藤は欧米諸国の政府からキリシタン弾圧についての強い圧力を受けた

のではなく、カトリックの信仰の徒、つまり信者と僧侶のためにやむをえず寛恕の説を迫っていることを示唆している。実は、この考察こそが日本政府とキリシタン及びカトリック教会との事情を巧みに言い表しているものである。

ところで、この二通の書簡の内容をどのように解釈するのかの課題は残っていても、もう一つの大きな問題がある。それは伊藤の先の書簡がいつ日本の留守政府に届いたのかである。

一八七二年一月二日付の伊藤からの書簡であるが、書かれた日付を単純に考えるだけなら同年二月二十四日に撤去されたキリシタン禁制高札との関係は実によく結びつく。しかし、当時の通信手段を考慮する時、パリから一月二日付で送った書簡が果たして二月二十四日までに届いたのか、これについて吟味する必要がある。

その一例として考えられる事柄は、井上馨が一八七三年一月二十二日付で伊藤博文に送った書簡は、一八七二年（明治五年）十一月十三日付の伊藤博文からの書簡への返事である。

また同様に、明治六年一月十五日付で出された渋沢栄一からの大久保利通と伊藤博文に宛てた書簡は明治五年十月に出された公信に対するものである。この二つの書簡の日付から考え得ることは、日本と欧州との間の通信には当時ゆうに二か月はかかっていたことになる。

これらのことを考慮に入れて考えると、従来のキリシタンに関係する研究の多くがキリシタン禁制の高札撤去の直接的根拠としていた伊藤博文の書簡は禁制の高札撤去前に日本に到着した可能性が薄く、直接的な根拠とはなり得ないのではないかと考える。

三　信教の自由獲得のための真実の要因

本節においては先に論じた「従来の研究の動向」及び「従来の研究に関する問題点の考察」を踏まえ、筆者が考察した「信教の自由獲得のための真実の要因」と考えられる事柄について述べる。

まず先に、従来の研究の動向について述べたが、それらの多くが、決定的要因として、諸外国からの抗議が日本に信教の自由を獲得させたと結論づけている。論者も禁制の高札撤去には諸外国の圧力や岩倉使節団などが果たした役割を軽視するものではない。しかし、日本においては信教の自由については意識されることのなかったこの国において、信教の自由獲得のための闘いを迫害と抑圧の中で一貫して生きぬいたのはキリシタンであり、その意志は潜伏キリシタンによって受け継ぎ担ってきたのである。従って、信教の自由が保証される契機となった第一の主役はキリシタンの存在それ自体であったと考えるのが妥当であろう。

またキリシタンの存在を明治維新政府の前に確実なものとしキリシタン禁制撤去にまで走らせたのは、ローマカトリック教会の支援があってのことであり、それが故に「信徒発見」にも結びつき、またその出来事により「浦上四番崩れ」にもいたったのである。これらのことを考察する時、キリシタン禁制撤去に始まる日本における信教の自由獲得の第一の要因として「キリシタンの存在とそれを支援したローマカトリック教会の存在」と考えるのが妥当な考察ではないかと考える。そこで筆者が考える信教の自由獲得の要因となったものについて考察した事柄について述べる。

第一要因　キリシタンの存在とローマカトリック教会の支援

第二要因　G・H・F・フルベッキの役割

第三要因　諸外国からの政府に対する抗議

第四要因　キリシタン預託先の諸藩（県）と大蔵省の事情

これらの要因が絡み合ってキリシタン禁制の高札撤去が実現し、信教の自由獲得への道が開けたと考えることができる。

（1）第一要因　キリシタンの存在とローマカトリック教会の支援

一五四九年、聖フランシスコ・ザビエルは、鹿児島に到着し宣教活動を開始した。

一五八七年、豊臣秀吉による宣教師追放令が発せられたが宣教師たちの活動は続いていた。

一六一四年、徳川家康はすべての宣教師の追放を命じた。家康は秀吉と違ってキリシタン禁教令を着実に実行し、一六一六年　家康の死後、跡を継いだ秀忠は冷酷なやり方でキリシタン撲滅を目指し、数多くの宣教師や信徒が殉教をとげていった。

その間、ローマカトリックは日本を見離すことはなかった。

一六六〇年、パリにおいて、東西アジアへの宣教活動を主とする宣教会「パリ外国宣教会」が創設された。ローマ教皇庁はイエズス会主導のインドシナ半島における宣教活動に対して、パリ外国宣教会に同半島における参加を求め、さらにその後、禁教令の下で弾圧を受けている日本で宣教活動を期待して、もしやキリシタン時代の信徒の子孫が残っているなら、彼らを発見するようにとの任務を託した。

十六世紀の半ば、キリスト教をはじめて日本に伝え布教したのはイエズス会の聖フランシスコ・ザビエルであったが、近代日本のカトリック教会を再建したのは、パリ外国宣教会である。

一七〇八年にイタリア人司祭ジョバンニ・バプチスタ・シドッティが入念な準備の後、マニラ経由で屋久島に着いたが翌日捕えられ長崎へ、そして江戸へと護送された。一七一五年シドッティは、江戸のキリシタン屋敷の地下牢で生涯を閉じたが、シドッティは日本で殉教した最後の宣教師である。

ローマはシドッティの死から六十年後、もう一度動き始めた。このたびはアジアにいる宣教師たちに依頼するため、南京の司教の援助を求めているが、返事がなかった。

一七七三年当時、イエズス会は解散されておりロシアにのみ存在していたが、そのイエズス会員に日本に行くように依頼しているが、この試みも失敗している。

その間、世界の情勢は大きく動いていた。日本開国も時間の問題となっていることは、幕閣の心アル人々も、またローマ教皇庁、さらにパリ外国宣教会も察知していたので、その時に備えて準備がなされていた。ローマ教皇庁は琉球と日本とを含む代牧司教区を創設しフォルカードをサモスの名義司教として叙階し、琉球と日本の代牧司教に任命した。

それから十二年後の一八五八年（安政五年）、日本はアメリカ・イギリス・ロシア・オランダ・フランスの国々と修好通商条約を結ぶにいたった。

一八六三年（文久三年）、パリ外国宣教会では、日仏条約第四条に従って横浜に天主堂を建立、続いて長崎の大浦にも天主堂を建てた。フューレ神父は長崎市乙一番地に天主堂を着工したが、フューレ神父が途中で帰国してしまったので、後任として長崎に赴任したプチジャン神父がこの天主堂を完成させた。

天主堂は一八六四年十二月二十九日に落成したが、献堂式が行われたのは、翌年二月十九日であった。二百四十五年ぶりに長崎に教会が再建されたのである。この天主堂は日本二十六聖人殉教者に捧げられた。

この二十六聖人殉教者とは、秀吉の命によってキリシタンであるが故に京都で捕らえられ、長崎の西坂で処刑されたフランシスコ会士・イエズス会士などを含む二十六名のキリシタン殉教者たちである。すでに一八六二年六月八日、ローマにおいて彼らは聖人に列せられていたのである。この列聖式をこの時期に行ったのは、ローマ教皇庁の日本に対する配慮からであると考えられる。

二百五十年もの間、厳禁されていた「十字架」や「天主堂」という文字が公に掲げられたことは、日本にとっては一大事であった。この天主堂の正式名は「日本二十六聖人教会」である。落成当時は「フランス寺」と長崎住民に呼ばれていたが、今は地名に因んで「大浦天主堂」といわれている。

プチジャン神父はパリ外国宣教会本部に送った落成式当日十二月二十九日付の手紙で次のように書いている。

　天主堂は完成しました。人々は目をみはっています。塔の金色の十字架は長崎の町と殉教者の丘に向かって輝きわたり、子どもも老人もフランス寺にでかけるのを楽しみにしています。老人たちはキリシタンについての昔物語を繰り返しています。

その後も天主堂を参観する人々は絶えなかった。しかし、フランス寺の中にも役人の目が光っていた。信教の自由が許されていたのは外国居留人だけであって、日本人に対しては従来通りキリシタン禁制は励行されていたのである。

一八六五年三月一七日、プチジャン神父は「旧信者子孫の発見」という大事件に出会う。その感動について翌十八日に横浜にいたジラール日本教区長に書簡を送った。

親愛なる教区長さま

心からお喜びください。私たちはすぐ近くに昔のキリシタンの子孫をたくさん持っているのです。彼らは聖教をずいぶんよく記憶しているらしく思われます。しかし、まず私にこの感動すべき場面、私が自らあずかって、こうした判断を下すに至りましたその場面を簡単に物語らせてください。

きのう十二時半ごろ、男女小児をまぜた十二名から十五名ほどの一団が天主堂の門前に立っていました。ただの好奇心で来たものとは、何やら態度が違っている様子でした。……

……年ごろは四十歳か五十歳ほどの婦人が一人私のそばに近づき、胸に手を当てて申しました。

「ここにおります私たちは、みなあなたさまと同じ心でございます」

「ほんとうですか。どこのお方ですか、あなた方は」

「私たちは、みな浦上の者でございます。浦上では、たいていの人が私たちと同じ心を持っております」

こう答えてから、その同じ人が、すぐ私に「サンタ・マリアのご像はどこ？」と尋ねました。「サンタ・マリア！」このめでたいみ名を耳にして、もう私は少しも疑いません。今私の前にいる人たちは、日本の昔のキリシタンの子孫にちがいない。私はこの慰めと喜びを神に感謝しました。……

……彼らは十字架を崇め、サンタ・マリアを敬愛し、祈りを唱えています。しかし、それがどんな祈りであるか、私にはまだわかりません。その他の詳しいことは近日中にお知らせいたします。

一八六五年三月十八日、長崎にて　　日本の宣教師ベルナール・プチジャン(10)

キリシタン発見は、宣教師である司祭と信徒との出会いであるが、それは教会と信徒との出会いでもあった。長い間一人の司祭もいない時代にキリシタンが長い間待ち望んでいたローマカトリック教会との生きた結びつきができ、それによってキリストとの一致である秘跡にあずかることが再び可能となったのである。

日本ではまだ厳しいキリシタン禁制が続いているにもかかわらず、キリシタンたちは隠れて大浦天主堂に行き、神父たちの話を聞いていた。また天主堂まで行けない老人や病人には、帳方や水方などが教えや祈りを伝えていた。

しかし、二百五十年ぶりにローマカトリック教会と再会した彼らの苦しみはこれで終わったのではなかった。長崎地方一帯のキリシタンは最後の信仰の証しをする大迫害を通らなければならなかったのである。すなわち「浦上四番崩れ」である。

事件の発端となったことは、大浦天主堂での宣教師とキリシタンとの出会い後は、内密のうちに連絡し合い、神父の指導を受ける時も極秘に行われていたが、やがてそれも役人の知るところとなり、浦上四番崩れという悲惨な大迫害を引き起こすこととなった。二百五十年間も隠れて信仰を守り続けた多くのキリシタンが検挙されて流刑に処せられ、足かけ八年におよぶ迫害が発生したのである。この間、江戸幕府は瓦解し、一八六七年（慶応三年）、明治政府が成立した。

浦上には四回にわたり「崩れ」があった。一番崩れは一七九〇〜九五年（寛政二〜七年）に起こったが、この時に逮捕された十九人は証拠不十分で釈放された。二番崩れは一八四二年（天保十三年）に内部の者の密告でキリシタンの中心的人物が捕らえられたが、この時も釈放された。三番崩れは一八五六年（安政三年）、このたびも内部の密告によった。キリシタンの指導者である帳方吉蔵ら主要人物が逮捕され吉蔵は牢死した。長崎奉行はこの時、「異宗一件」「異宗徒」として処理してしまった。

四番崩れは内部密告ではなかった。その契機となったのは、キリシタンの自葬事件である。一八六七年四月五日（慶応三年三月一日）、本原郷の茂吉が死去すると、その家族は神父の助言を求め、自葬してしまった。キリシタンたちはこのように死者が出ると自分たちだけで埋葬するようになり、これは当然、庄屋と仏僧の知るところとなった。

一八六七年七月十五日午前三時、不意を襲った第一回目の逮捕で浦上四番崩れの封が切られた。この日に逮捕されたのが男女六十八名で、その後十月五日に捕縛された人々で入牢者は八十三名であった。

ところで日本における最後の迫害と呼ばれる浦上四番崩れの迫害の様子とキリシタン禁制高札を撤去にいたらせたキリシタンの存在について、第一回目の逮捕者の一人で当時の浦上キリシタンの信仰におけるリーダーであった仙右衛門の「覚書」から考察していきたい。

その理由は、第一に仙右衛門の家には系図が残っており、それによると初代は高木権左衛門となっている。片岡弥吉によると「浦上四番崩れで名を知られることになった仙右衛門は、長崎代官高木作右衛門家の一族権左衛門を祖とする。作右衛門が信仰を捨てて権力欲と物欲に走ったのに対し、権左衛門は信仰を守るために浦上に移住し農民となった。もちろん苗字は名乗らない」と書いている(11)。

つまり、キリシタン禁制により代官の任を捨て、綿々《めんめん》と続いた迫害の間を信仰のため農民としての生活を過ごしたキリシタンの一族であるためである。

第二の理由として掲げるのは、その十代目として登場する仙右衛門が「信徒発見」の場面に出会い、そして浦上四番崩れでキリシタンとしての信仰を証しする人物として注目されるからである。また、浦上四番崩れの時に受けた迫害について明治六年流配先であった津和野より帰郷した後、プチジャン司教より「長崎」

と「津和野」での迫害の実情について尋ねられて語った口演を森松次郎が筆記した「覚書」が残っており、このたびはその「覚書」の史料的価値を検討し、またその内容からキリシタン禁制高札の撤去との関連性を見出すことができると考えたからである。つまり明治政府が頑なに固持し続けたキリシタン禁制をもってしても、平凡な信仰者の存在を消し去ることができず、その存在故に禁制高札の撤去にまでいたったと考えるからである（なお「仙右衛門覚書」については、すでに第二章において記述しているのでここでは触れない）。

(2)第二要因　G・H・F・フルベッキの役割

フルベッキ（Verbeck, Guide Herman Fridolin, 1830–1897）については岩倉使節団を欧米に派遣するにあたり果たした役割は広く知られているが、フルベッキがこの使節団に期待した直接的なねらいを考察することによりキリシタン禁制高札撤去との結びつきが明白になると考えるので、ここで取り扱う。

フルベッキは長崎にいた米国のオランダ改革派教会の宣教師であるが一八六五年五月（慶応元年四月）、文部省は彼を開成学校（のちの大学南校）の教師及び政府顧問に任命した。このフルベッキは明治政府に種々の献策をしたが、特に一八六九年六月十一日（明治二年五月二十日）、大隈重信に欧米諸国への使節団派遣を進言したことは特記すべきことであった。世にいう「ブリーフ・スケッチ」[12]であり、その内容は使節団の組織・旅程・人員・目的・調査方法などを示した計画書である。

岩倉具視は一八七一年十月二十六日にフルベッキに会見し献策の内容を聞いた。フルベッキはその説明の中で、外国側が提出しうるであろう種々の問題点をあげ、また使節団の調査項目に関しては私案を述べている。

フルベッキは建白書の末尾で「天皇が僧職である者をヨーロッパへ行くように任命するようなことはありそうもない……」「しかしもし知性を備えた何人かの諸宗派の高僧らが他の任務の人々の仲間に加わると大いに好結果が生ずるように思われる」(13)と述べている。

実際には仏教界の僧職にある者は使節団には随行していないが、西本願寺の新法王明如は木戸孝允の勧めを受けみずから欧米に渡航する予定はしていたが、父の遷化のため、代理として梅上沢融を、さらに法王代理として島地黙雷を随行させ、明治六年一月に横浜から出発させている。

ところで、フルベッキはブリーフ・スケッチを書いた時、自分自身の使命について、米国のオランダ改革派教会外国伝道局総主事J・M・フェリス宛の書簡で、キリスト教の信仰の自由を日本に実現させるようにすること「その一点にあった」と書いている(14)。

また一八七一年十一月二十一日（明治四年十月九日）、使節団の派遣が実現しようとする時期、フルベッキはフェリスに次のような書簡を送っている。

政府は欧米に特命全権大使一行を近く派遣する……この使節団は永年にわたり熱望しているキリスト教信教の自由をもたらすかもしれない。あるいは少なくともそれに近づくのに大きな役割を果たすのではないかと思うのがわたしの希望であり祈りです(15)。

また使節団出発の前々日、フルベッキはフェリスに再び自己の信念について書簡を送っている。

わたしはこの使節団の企画を作ることに言葉では言い表わし得ない程の多くの関係を持っておりました。……使節の派遣がよい結果をもたらし、更にまた、神の祝福の下に、信教の自由が与えられんことを祈ります。わたしはその実現に向って一生懸命に働いております[16]。

フルベッキはキリスト教の宣教師として日本で宣教活動をし、また政府から任命された地位と役割を活かし、能う限りを尽くして日本に信教の自由をもたらすことに努めたのである。その献策により岩倉具視を大使とした使節団を欧米に派遣することが可能となり、またその一行が見聞した世界からはただに宗教のことのみでなく、閉国で日本人が経験していなかった多くのことを学ぶよき機会ともなった。特に宗教に関しては信教の自由の獲得のため重要な一要因となったことを考慮する時、フルベッキが果たした業績は偉大なものがあると考える。

それはフルベッキが日本政府に勤務していた時期、つまり一八六五年（慶応二年）より一八七七年（明治一〇年）の期間、明治政府は重大な課題を抱えていた。それは、国際社会の中で日本を近代国家へと移行させることであった。その時期にあってフルベッキは日本政府がキリシタンに対して抱いていた長年の不信と恐怖心を取り除き、安心感を与えることにより、日本国を近代国家へと胎動させるための大役を果たしたのである。これについては誰よりもフルベッキ自身がよりよく自覚しており、その大任を成功裡に成し遂げたのである。

またフルベッキと政府の関係を考える時、明治維新政府はフルベッキがキリスト教の宣教師であることを認識した上での政府顧問等への任命であった。それらのことを考慮して考えると明治政府の役人の考え方は、明治になって来日したキリスト教とキリシタンとして禁制の高札を出していたキリスト教は別のものであったことが明らかになる。つまり宗教としてのキリスト教の教理の内容で弾圧されたキリシタンではなく、歴史上禁止された宗教としての禁制であった。

日本風土は、明治の開国から今日まで欧米をはじめ他国の文化は受け入れても、その文化の土台と基礎となっている精神性を受容することはなかったと指摘されて久しいが、フルベッキと明治政府の関係もその中の典型的な出来事であろう。

小結

キリシタン禁制高札が撤去されるにいたる要因として、従来の研究では見過ごされてきた流配キリシタンの存在と、その信仰に注目することにより、彼らの存在こそが禁制撤廃の立役者であり主要な原動力となった点を考察した。ところで、その考察の裏づけとなる資料の中から大事と考えられる一点を掲げたい。

一八七二年一月二十九日（明治六年）、伊藤博文が井上馨に宛てた書簡の一節に次の文章がある。

……宗旨信仰の徒、或は僧侶のために、政府はやむをえず、寛恕の説を我に迫り候様、あい窺われ申し候……

これは、欧米においても信教の自由を認めているのは信仰の徒、つまり信徒と聖職者の存在の故であることを公言している文面であると考えるが、これこそが伊藤が使節団の一員として欧米を視察して持った所信だったと考えられる。この欧米と同じ現象が、当時の日本社会にも厳然と存在していたのである。つまり江戸幕府から明治政府にいたる長き時代を通し弾圧し続けられたキリシタンの信仰は、厳しい拷問にも屈することなく存在し続けたのである。このキリシタンの存在こそが明治政府をして信教の自由への道をみずからの手で開くこととなったのである。

(3)第三要因　諸外国からの政府に対する抗議

前節において述べたように、キリシタン流配と信教の自由獲得に関するこれまでの研究では、その多くが、日本政府を動かした決定的な要因は、諸外国からの弾圧政策への抗議であると結論づけている。確かに明治新政府のキリシタンに対する前近代的な処置は諸外国からの激しい反発と抗議を招き、外交問題に発展した。そのため、日本政府も諸外国の抗議を無視することができなかったことも事実である。しかし、諸外国からの働きかけもキリシタンの存在があってのこと、それなくしては外圧も考えられない。この問題については、すでに第一章において記述しており（本書二二頁以下）、また多くの研究書が出されているので、ここでは触れない。

(4)第四要因　キリシタン預託先の諸藩(県)と大蔵省の事情

この部分に関しては本論では扱っていないため、ここで少し詳しく述べる。

キリシタン流配の時期、日本は大動乱期に当たり、大政奉還から王政復古への転換の時代である。このような背景にあってキリシタン預託地の諸藩では、キリシタンに対する処置及び内部事情も異なっていた。またキリシタンへの負担金については、政府が第一次流配者全員につき負担することになっていたが、第二次流配者については各藩が担うこととなった。

①外務権大丞の楠本正隆・中野健明両名の派遣

特に預託藩と政府の間でキリシタンに関して明確な問題として浮上したのが、一八七一年（明治四年）である。その頃まではキリシタンへの処遇や取り扱いは預託藩に一任されていた。ところがその前年、大村・金沢・大聖寺・富山の各藩のキリシタンが虐待を受けているとの記事を外字新聞が報道、その改善を求めてイギリス臨時代理公使アダムスが政府に抗議した。

これを受けて政府は諸県（明治四年七月に廃藩置県の勅書が発布され、県に編制がえとなった）に外務権大丞の楠本正隆と同じく中野健明を派遣し、今後、キリシタンの取り扱いは全国一律とすることと、処遇の改善についての通達を送った。

その時、両人が前もって用意していた政府からの「諸県へ御預異宗徒取扱目的」には、キリシタンへの処遇と取り扱いの改善などが詳しく述べられている。この政府からの指令が、その後の禁制の高札撤去にいたる過程で重要な意味を持つことになるので、次に紹介する。

この指令の内容を類別すれば、教諭・家族同居・労働・異宗徒係の設置・衣食住の改善・改心者の処置・病人死亡者の処置の七項目である。また、それに加え「居内規則」も記載されている。

諸縣へ御預異宗徒取扱目的(17)

一　宗徒取扱御用掛相立候事

　但民政掛ヨリ分課

一　教諭掛相立候事

　但専務或ハ御用掛ヨリ兼勤

一　教諭ノ儀不改心ハ勿論改心ノ者タリ共無懈怠差加候事

一　不改心ノ者ハ居内ヲ寛ニシ外圍門戸ノ締相付平生相當ノ手業為相營候事
　但居内ノミニ差置候テハ身躰衰微病氣相發候ニ付時ニヨリ差配人差添公役等へ召仕候事
一　改心ノ者悔悟ノ實情篤ト見据相立候上ハ外稼日雇差許候事
　但門戸出入鑑札相渡何時ヨリ何時ニ歸ル規則取設稼中ハ雇主相預リ候事
一　一家不殘改正脱走ノ懸念ナク最早不及教諭様急度安心ノ見据付候者ハ市郷へ假住居差許兼日御沙汰ノ通
　産業ニ基キ候様取扱候事
　但假住居中ハ其組内ニ相預ケ不取締ナキ様注意専要ノ事
　右三等ノ處分見据ノ儀掛役ハ勿論縣廳厚ク逐熟議一入心ヲ不用候テハ手煩ヲ省キ候為ノ自然大様ニ
　成行不安心ノ者ヲモ取紛レ市郷等へ住居致候様ノ弊害不生トモ難申依之右改心否視察肝要ノ事
一　家族同居ノ事
　但家族中改心不改心ノ者混淆同居相斷候者ハ非此限候事
一　改心ノ者ハ食事自炊不改心ノ者ハ焚出シ賄相與へ候事
　但改心ノ者トイヘトモ家族不殘改心不致内ハ焚出賄相與へ候事
一　衣服春秋兩度夜具蚊帳改心不改心ノ差別ナク相與へ候事
一　産業ニ基キ公費ヲ不仰衣食相辨候者ハ扶持米給與ニ不及候事
一　改心ノ者ハ其所産土神前ニ於テ起請文讀上ケ御祓或執行血誓ノ上祝文教授候事
一　改心血誓ノ者ハ毎月兩三度産土神社へ參詣為致候事
一　神典ニテ改心致シ候者死去ノ節ハ神葬祭不改心ノモノハ假埋ノ事

但佛法ニテ教諭改心ノ者ハ其寺法ニテ取計ノ事

居内規則

一　居所ノ儀小兒打混シ十疊ニ八人位小兒ナキ者ハ七人位ノ見込ヲ以分配相定候事
但從前間廣ノ所ニ差置有之分ハ非此限候事

一　掃除規則為相立濕氣ナキ様不致シテハ病人生シ候ノミナラス掛役ノ出入信切ノ教諭取扱不行届候故宗民共へ無懈怠掃除為致候事

一　教諭掛下役ノ名儀ヲ以テ其場へ相詰説諭ハ勿論萬事注意取締為致候事

一　門戸締ノ為メ番人相附候事

楠本・中野両名の視察後の報告書には「預り所の図面」が各県ごとに挿入されている。その図面では巡視前のキリシタンの住居の状態が黒で描かれ、巡視後に改善された部分が朱で書かれている。津和野の場合は住居を示す簡単な地図二枚と「預り所の図面」が八枚ある。

②両名の派遣以降の動向

この両人の視察以降、政府のキリシタンへの姿勢が明確に変化した。この指令は概して忠実に守られた。しかし、一方この指令を実行する結果、多くの問題が浮上した。

一つには、改心者と非改心者との間に待遇上の差がつけられにくくなり、結果的に非改心者への教諭が困難となり、事実上断念せざるを得なくなる預託県もあった。香川県は改心者の赦免後、非改心者に対する教諭を中止したいとの上申書を大蔵省に提出した。[18]

③改心者の帰郷問題

(イ)指令の結果

改心者の帰郷問題については、楠本と中野が携えた指令には記述されてはいなかったが「市郷へ假住居」を許可したことからの成り行きとして、一八七三年(明治五年)二月七日、太政官告三十六号をもって改心者の帰郷が認められた。しかし、改心者の帰郷が実現にいたる過程には疑問が残る。その一つに、その時期には岩倉使節団が欧米に向かっており、留守中の政府の中心人物はキリシタンへの反感を強く持つ江藤新平であったこと。但し、その前年十一月には、伊万里事件が発生し、イギリス臨時代理公使のアダムスから抗議があった。また、この事件で諸外国の日本政府に対する不信及び非難をかわす必要性があった時期でもある。

(ロ)財政問題

改心者の帰郷実現の疑問は残るとしても、実現理由の一つとして考えられるのは深刻な財政難に直面していた大蔵省が、経費節減のためにと考慮したことではないだろうか。すでに記した通り、第一次流託藩には人数も少なかったためもあり、負担金、つまり扶持米の支給は政府からなされた。しかし、第二次流託者は三千人を超える人数でもあり各藩が負担することとなった。また、大蔵省は明治三年三月には、第一次流託藩への扶持米の支給を廃止すると提言した。[19] それは新政府の深刻な財政窮乏のためであった。しかし一方では、各藩が負担する財政的な面はますます重荷となり、説諭断念や経費節減策が講じられた。キリシタン預託地である諸県においては、キリシタンは厄介者以外の何者でもなかった[20]。

（ハ）キリシタンの実像

また、預託地においても政府にも、キリシタンの実像が見えてきたことが、キリシタン禁制の高札撤去の理由の一つだったように考える。この点は「四番崩れ」当初よりキリシタンに対する偏見がひどかったが、これについては「仙右衛門覚書」においても知ることができる。キリシタンは魔法を使う者のように見られてきた。「覚書」にも明記されている通り（本書一一五〜六頁）、キリシタンは豆を小玉銀《こだまぎん》にしたり、柴の葉を万金にするようなものと考えられていたが、長期におよび預託地での生活は一般人と何ら変わるところもなく、かえって無学文盲ではあるが勤勉で実直な農民であると理解され人々に安心を与えたのであろうと考える。

この（ロ・ハ）の論点は次に述べる非改心者の帰郷、つまり禁制高札撤去の理由とも重なるところである。

④改心者の帰郷とその結果

改心者が帰郷した後、非改心者への教諭に自信を喪失する県が続出した。その代表的な県が高知である。高知県の教導職訓導、宮地巌夫と同職山本敬玄が、明治五年八月二十七日に東西部管長に上申した「阿部真造による異宗徒説諭大概」はキリシタンを預けられ、彼らを改宗させる任務をかかえていた高知県の教諭担当者がそのことでいかに苦慮していたかを示す史料である。

ここに登場する阿部真造は片岡弥吉の研究によれば、キリシタンの改心者であり、さまざまな経験後、明治四年五月、政府に神国日本を神道によって国民を教化すべしと主張し建白書を提出し、その後、高知県との関係ができ、県の方も阿部真造を採用することになった[21]。

それは政策転換の影響もあるが、非改心者を改心させる県としての意味が見いだせなかったからである。

また、帰郷した改心者たちは一般にいう「旅の話」として流配中の苦難について人々に語り、再び信仰を持ち直し熱心なカトリック信徒として生活するものが続出した。

(5)高札撤去をもたらしたもの

一八七三年(明治六年)二月二十四日をもって、全国に掲示されていたキリシタン禁制の高札が撤去され、その年の三月十四日「長崎県下異宗徒帰籍」が太政官達として出された。これにより、浦上キリシタンは全員釈放され帰郷したのである。一六一四年(慶長一九年)に始まったキリシタン禁制より二百六十二年ぶり、「浦上四番崩れ」により第一次流配より六年後であった。

この禁制の高札撤去を可能にしたと考えられる直接的要因として四点を考察したが、これらの要因が絡み合って高札撤去を実現し、信教の自由獲得への道を開いたと考えることができる。しかし今後に残されている課題も多くあると考える。

たとえば、キリシタン関係に関する諸外国との交渉上の公文書から改めて考察できる研究分野、ならびに預託藩(県)のさまざまな資料から研究される明治政府が抱えた問題点を探求する分野など。しかし、慶応から明治新政府への移行期の史料が未だ未公開のものが多く、また諸藩(県)の資料が未整理のため、研究にさいしては歴史的資料の乏しさ故の困難も多くある。

三　信教の自由獲得のために果たした仙右衛門の役割

仙右衛門は、一八六七年（慶応三年）に始まり、一八七三年（明治六年）に終わったキリシタン最後の迫害において、浦上キリシタンの中心人物としてその存在と堅固な信仰の故に脚光を浴びたのであるが、彼が信教の自由獲得のために果たした役割と意義について、次の三点、すなわち、

(1)歴史的役割
(2)カトリック的人間観の貫徹
(3)「信教の自由獲得」のための礎石

を考察したい。

(1)歴史的役割

仙右衛門は、一八六七年四月にキリシタン自葬問題に端を発した浦上四番崩れの最初の迫害、すなわち「仙右衛門覚書」の中で本人が「長崎においてありたる事」と口述している事件の時、入牢者八十三人中八十二人の棄教者を出した中で、彼だけが信仰を全うして帰って来たが、もし仙右衛門も改心していたなら、その後の浦上キリシタンの旅となった流配はなかったであろうし、幕府もその後はキリシタン問題に関して真剣に取り組むこともしなかったであろう。なぜなら、幕府から見るキリシタンはすでに亡き者、全てが改心者と見なされたであろうと考えるからである。

ところで、仙右衛門とは、どのような人物だったであろうか。

①キリシタンとして

仙右衛門の家には、秘密教会の聖ヨゼフ堂があり、長男敬三郎・次男源太郎を大浦天主堂の司祭館に預け、伝道に献身的に活躍していた。しかし、代官からは迫害初期はそれほど目立った人物としてマークされていなかったようである。

「長崎御代官より七人を総代として御用がござりました時、私は七人の中には入りておりませんけれども、七人の中の一人を残して、その代わりに私が御用に行きました時」(本書一一一頁)と「覚書」において述べているところから見ても、外見上は信徒の大人物・有力者は他に多数いたと思われる。

②身体的条件

長崎県立図書館の入牢者の名簿によると、迫害当時の仙右衛門の年齢は四十五歳と記されている。年齢順からいえば、男子の中で二十一番目である。年齢的にも当時からいえば高齢であったし、すぐれて健康体でもなかった。さらに病弱であったことと考え合わせる時、身体的に恵まれない状況下にあったことは否定できない。

③家庭環境において

仙右衛門はそのころ、妻イザベリナ・シヨを失なって数年たっていた。二人の子供は、司祭館に神学生志願者として預けられていたが、三男仙太郎は当時六歳であった。この三男仙太郎を残して入牢していたのである。経済的にも不遇であった仙右衛門にとって、一人家に残してきた三男仙太郎に対する父親の情は、切なるものがあったと思われる。家庭環境としては、他の入牢者同様、世の親と何も変わるところはなかった。

④信仰

入牢者名簿によると、「入牢之信仰最団結の者名」に十名の名前が記されているのを見ても、仙右衛門のほかに少なくとも九名は、信仰の強さにおいて勇者がいたことを知り得る。

クゥザン師は宣教会本部のルセイュ師に十月十二日付で書簡を送り、ほとんどの入牢者が改心してしまったことを嘆き、

それら棄教者の中に信仰堅固、忠実にして、栄冠を得るであろうと思われていた一人（寅次郎）までがいました。彼の転宗が如何に致命的であり、また彼の棄教がどんなに心が動揺している信徒を失望落胆させたか、いいつくせない程であります

と報告しているのを見ても、篤信の信徒までが改心していることが知られる。仙右衛門もその人たちと同じ道をたどる可能性は非常に大きかったと考えても不自然ではない。にもかかわらず、クゥザン師は続けて、

司教様の前に出て、神父様！　と呼びかける事の出来るのは、ただ仙右衛門一人のみであります。他の人びとは皆屈し去っても彼だけは神に信頼をおき、最後まで信仰を保ち続けました。皆が帰郷するのを見ながら、彼は苦しみを受くべく、居残りました。拷問を受ける前に、どれ程牢友の誘いに抵抗した事でせう……仙右衛門の勝利のみは確実であります。神は千回も賛美せられ給へ[22]！


と喜ばしめたものは、何であったか。

ところで、仙右衛門の信仰の特性と思われるものはどのようなかたちで「覚書」の中に語られているのであろうか。彼の「覚書」の中から考察していくことにする。

第一に、キリストの精神に生きる者にとって、神の子の自由の規範である「神のみを恐れる」という考えが、仙右衛門の精神を貫いていることである。それは次のような言葉にはっきりと見てとれる。

私はこれに答えまするに、貴方方の今の言葉はずい分かりまする。色身のためばかりには、この上なき、ねんごろな事でござりまする。けれども天の主より与えられたるアニマ、その御恩の天主のために、この上なき災いなれば、どうも気の毒ながら改心する事はかないません。お上の御用の時も、厄介と知りながら改心せずにおりまする。実に私は人とに恐れません。唯天の主ばかりに恐れまする。どうぞ、お慈悲に御吟味所の御用を受けさせ下され、私は百人ありて力ある、また一人になりて弱くなるという事はありません。一人になりても、もとの心は少しも消えませんと申しました。（本書一一二～一二頁）

仙右衛門が、キリスト者の自由の規範であり、迫害に打ち勝つために最も重要な真理を理解し、それに基づいて行動できたことは、神から与えられた特別の恩恵によるものであった。仙右衛門自身、この心理について語った後、続けて次のようにいっている。

私は、この時分唯御主さま、日本の御開山、フランセスコ、マルチレス、また大阪のヱヒスコホ様、また今の長崎のヱヒスコホ様方の御恩などが身にしみ、目の先にあるように、その時心に覚えました。

（本書一一三頁）

すなわち、彼は「神のみを恐れる」という真理に基づいて行動するために、必要な神からの恩恵を身にしみて感じているのである。

第二に、「仙右衛門覚書」をひもとくと、そこには仙右衛門が救いへの信仰宣言の重要さを深く理解していたことが見いだされる。

奉行申しまするには、その方を殺すがためには呼ばぬ。唯ひそかに内向きの御用に呼びしなり。そのキリシタン宗は、よき宗旨であるけれども、いまだ将軍より許しがない。その方一人親の許さぬ宗を守りて助かるより、親の許しのある宗を守りておれば、だんだんキリシタンも許しになるによって、それまでの間、キリシタンの道を真直に行かず、少し廻りて、唯心の中に信ずべしとねんごろに申しましたによって、私これに答えて、心の中ばかりで信ずる事かないませんともうしました所が、また奉行申しまするには、その方の家内だけ神仏を拝まぬように、これに信心せぬように許してやろうと申しました。またこれに答えて、私は親兄弟もあれば所もありますれば、皆許しを受けねば、私一人さようにする事かないません。このセズスの教えは、よき教えであれば、御吟味のあればある程、なお守りたくなりまするによって、どうぞ、この宗をお許し下されば、この御恩は永く忘れまいと願いました。

（本書一三一～一三頁）

聖パウロは「実に、人は心で信じて義とされ、口で公に言い表して救われるのです」（「ローマ書」一〇の一〇）といって、心の中にある信仰を外部にあらわすこと、これが神の掟であると教えている。この掟は神学的にいえば、次の二つの場合に義務づけられる。すなわち、信仰を外部にあらわさないならば、

一、神に当然捧ぐべき栄誉が取り去られる時

二、隣人の霊的利益が害せられる時

である。

ところで、仙右衛門が遭遇した迫害は、この二つの場合を含むものであった。公の権威者から信仰を棄てることを強制され、もし、この時、信仰を宣言しなければ、それは神に対して不敬をなすことであり、また隣人に対して重大なつまづきを与えることであった。このことをよく理解した仙右衛門は、信仰を心の中のみにとどめて外部に公言することを禁じる役人に対して、「まず、神に従え」という重大な真理に基づいて、

雄々しく常に信仰を宣言したのである。このように、聖パウロによって明らかにされた、この神の掟に忠実であった仙右衛門の中に、神から与えられた恩恵の偉大さが容易に見いだされるといえよう。

第三に、彼はひたすら神を頼り、信仰を守り抜く力が下るよう、良く準備した。

監房がキリシタンの式法をする事を嫌いましたれども、キリシタンを止めぬため、牢屋に来ておれば、オラシヨなどを私は止むる事はかないませんといいて、そろそろ、オラシヨもする事かないました。

（本書一一四頁）

また同じ牢の人が、改心しようとするのを見て、

私もこれをすすめて、それは御主様、サンフランセスコ・ザベリヨ、また日本のマルチレスに対しても、すまぬ事であれば、これに対してまたスピリト・サントの力をもって、共にしのぎませう

（本書一二〇～一頁）

といっている。

他の信徒が全員改心して出獄した後も、一人牢に残りながら、

その日はセスタ（金曜日）と私思いまして、最後の覚悟に、歯が痛むといふて、朝飯を食べずしておりました。（本書一二三頁）

右に引用した「覚書」の中に、神の恩恵と信仰篤きものの温かいふれ合いが、何と美しく、崇高なまでに表現されていることを見ることができる。仙右衛門自身、自力で信仰を全うしたとは決して考えなかった。

私が帰りましたれば、皆寄り集まりて、お前はどの通りになりて帰りたかと、余り尋ねまするによって、私は天主様のおかげ、エピスコプ、パテル様の、お前たちのオラシヨのおかげをもって、つとめて帰り

ましたと申しますれば、皆喜びました。（本書一三〇頁）

と述べている。

この村民の喜びは、自分たちと同じ条件の信徒が、一途《いちず》な祈りにより、信仰を守り通す恵みを受けたことに対する喜びであり、キリシタンとしての生きる喜びであった。そして、その信念は、その後の大迫害の嵐の中に、三千四百余名の信徒が、六百六十余名の殉教者を出しながらも、千八百八十余名の信徒が信仰を全うして帰った事実の中に実証されたのである。

このように、仙右衛門の堅固な信仰は、信教の自由獲得のために、神から与えられた特別の恩恵の中ではぐくまれ、そして生き抜く原動力となったと見ることができるであろう。そして、この信教の自由獲得のために一身を投げ打ったことによって、自己に与えられた使命を果たし、日本の近代史に小さな、しかし重大な一歩を刻んだと見なしうるのではなかろうか。

(2)カトリック的人間観の貫徹

仙右衛門の人間観は、何も新しいものがないにもかかわらず、それを強調する理由は、次の二点にある。

第一は、その当時の日本の身分社会的人間観及び新政府の統一原理となった神道主義的人間観に対して、仙右衛門の言動は時代を超えて普遍的異彩を放っていること。

第二は、自己の人間観に命を賭して権力者に立ち向かったことである。神を放逐した現代が人間の価値を強調するのみで、その価値を損なう者に対して、特に権力者に対して抵抗するところが弱体であるといわれる近代及び現代日本のヒューマニストに対して、カトリック的人間観の強さを仙右衛門は明快に示してくれる。

人間の価値の原因を神に置く立場と、人間に置く立場との差を、これほど歴史的に示す人物は日本の思想史において珍しくまた貴重な存在であろう。

仙右衛門の人間観の根本思想は、人間はすべて神が創り給うたものであり、仏や神道の神々も、天皇・将軍も全く平等であるというのである。

天地万物いまだ無き時より天主がありて、皆天地万物も作り、人間の初めを作りました。天主はわれらの真実の御親でござる。この御親の他には、何も信じて敬う事はできません。

天子、将軍様のいう事を私聞き入れぬとは申しませぬ。天地万物無き時より、天主様がありまして、皆天子、将軍様もこの天主様が作りますれば、天子、将軍様より天主様が上であると私思いまする。仏や神道の道にさえ、かからねば、何にても天子、将軍様のいう事は聞きまする。天主の御掟にかのう事は、天子、将軍様のいう事に従いまする。

（本書一一六〜七頁）

と、神の掟に合致する実定法には従うが、合致しない実定法には、決して従わないという点に尽きる。

彼は人間が神になることを絶対に許さなかった。その点では、十戒の第一戒に忠実であった。同時に、人間社会の秩序を遵守する温和な一農民であり、現存する生産関係・社会関係を否定する革命家ではなかった。「覚書」に見られる役人に対する態度は終始温和である。神から創られたものとしての平等観に立ち、彼は自己を迫害する支配階級と対等に議論している。奉行に対しても、決して身分的卑屈さを感じさせない。否、むしろ一農夫が奉行を圧倒さえしている。

河津新奉行が、一夜ひそかに邸の大広間に案内して辞を低くして、日本の旧来の宗教を守るよう懇願しているのに、「天主は万物無き時よりありて、よろずの物皆天主の御作りなされば、真の敬うべき主でござりまする。また神、仏というは、われらと等しき人間なれば、これを拝む事はかないません」と言い切っている。

この一農夫の堂々たる態度は、封建社会崩壊の過渡的現象として、理解されるべきではない。キリスト教の人間平等の新しい人間観の勝利と解釈すべきである。キリスト教が日本人にもたらした、この新しい人間観は、仙右衛門の中に生き生きと躍動している。信教自由の新しき時代の訪れは、迫害の嵐の中にも、新しい人間観による戦いとして胎動している。

以上の如く仙右衛門によって体現された人間観は、自然法が実定法によって弾圧された時、私たちは、いかに処すべきかという問題、他方、為政者たる者は、神から与えられたこの自然法を不当に弾圧してよいかどうかという問題に、きわめて重要で、意義深い課題を提供するものである。

(3)「信教の自由獲得」のための礎石

仙右衛門は確かな足取りで明治の文明開化の道に、信教の自由獲得のため自己の命を懸けて一石を投じた。その微力な存在が欧米諸国からの支援と相俟って新時代を築いたのである。

外交団は浦上キリシタンの大量流配が行われると、イギリス公使・フランス公使・アメリカ公使・プロシヤ公使が、それを人道上の問題として太政官に抗議したのである。

また明治四年、安政期に締結した通商条約の期限切れを前にして、関税自主権の回復、治外法権撤発の予備交渉を行うのが目的で、岩倉具視が特命全権大使となり木戸孝允・大久保利通が派遣されたが、欧米諸国は浦上キリシタンの迫害を知って、日本は信教の自由を欠いた未開の野蛮国と考え、交渉には思わぬ苦労があった。実際に、岩倉大使の一行を迎えた欧米諸国の空気は冷淡で不穏なものがあった。人々は『旧教新聞』に盛んに投書して浦上キリシタンの近況を詳しく知らせよと、強請した。

実に、この欧米諸国の働きかけにより、岩倉の渡欧前後に、浦上の追放者の待遇が改まり、やがてキリシタン禁止の高札を撤回し、「浦上キリシタン迫害」も終止符を打つにいたったのである。とにかく、キリシタン禁制の法的根拠はただ高札文だけであったから、高札の撤去によってキリシタンを追放、投獄する理由が失なわれ、浦上キリシタンは釈放帰村することになった。

また、キリシタン弾圧停止はキリシタンの信仰と外国政府の強い勧告、欧米人の世論という外的圧力によったもので、政府が真に信教の自由の精神を把握していたものではなかったが、とにかくわが国の政治は精神的近代化に一歩前進し始めたということができよう。それにいたる歴史の中で忘れてはならないのが、浦上キリシタンの存在とそれを代表する仙右衛門の存在であったことである。

そのことについて大佛次郎氏は、その著『天皇の世紀』の中で次のように述べている。この大佛の言葉が仙右衛門を語るのに最もふさわしい表現であろうか。

政治権力に対する浦上の切支丹の根強い抵抗は、目的のない「ええじゃないか踊り」や、花火のように散発的だった各所の百姓一揆と違って、生命を賭して政府の圧力に屈服しない性格が、当時としては出色のものであった。政治に発言を一切許されなかった庶民の抵抗として過去になかった新しい時代を作る仕事に、地下のエネルギーとして参加したものである。新政府も公卿も志士たちも新しい時代を作る為になることは破壊以外に何もして居なかった。浦上の四番崩れは、明治新政府の外交問題と成った点で有名と成ったが、それ以上に、権力の前に庶民が強力に自己を主張した点で、封建世界の卑屈な心理から抜け出て、新しい時代の扉を開く先駆と成った事件である。社会的にもまた市民の「我」の自覚の歴史の上にも、どこでも不徹底に終った百姓一揆などよりも、力強い航跡を残した。

文字のない浦上村本原郷の仙右衛門は自信を以て反抗した農民たちの象徴的な存在であった。維新史の上では無名の彼は、実は日本人として新鮮な性格で、精神の一時代を創設する礎石の一個と成った。それとは自分も知らず、その上間もなく歴史の砂礫の下に埋もれて、宗教史以外の歴史家も無視して顧みない存在と成って、いつか元の土中に隠れた。明治の元勲と尊敬された人々よりも、真実新しい時代の門に手を掛けた者だったとも言えるのである(23)

三世紀にわたる江戸幕府の支配で、日本人が自己の自覚と人格の尊厳に目覚めていない時代にあって、浦上のドミニコ高木仙右衛門は「人間」の威厳を自覚し、時の権力者による迫害に対しても決して妥協も譲歩も示さなかった。当時の日本人としては全く珍しい生き方を貫いた一人である。その時代、武士や町人の間で、これほど強く人間の価値に目覚め、それを守って生き抜いた人間は決して多くなかったであろう。信仰の自由や人格の尊厳という認識はまだ日本人にはなかったからである。

しかし、仙右衛門の考え方には、素朴ながら明らかにそのような意識が認められる。

仙右衛門は神の恩恵により自己の信仰を生き抜き、七十五歳で神の国へ帰って行った。しかし、彼の多くの同志は殉教した。殉教者たちは自己の死によって信仰の証し人になったのである。それは人間として最も美しく尊い生と死のありようであった。

二百五十年におよぶキリシタン弾圧は、日本の歴史に暗い影として残るに違いない。しかし、徳富蘇峰が述べたように、殉教者が流した血は「日本歴史の光」となって輝いた。

（1）家近良樹著『浦上キリシタン流配事件――キリスト教解禁への道』（吉川弘文館、一九九八年）
（2）アジア歴史資料センター研究員の所感
（3）片岡弥吉著『日本キリシタン殉教史』（時事通信社）六九三頁
（4）五野井隆史著『日本キリスト教史』（吉川弘文館）二六五頁
（5）結城了悟・松村菅和・片岡瑠美子・池田敏雄共著『最後の迫害』（六甲出版）三二六頁
（6）『大日本外交文書』第六巻〔二四一〕
（7）『大隈重信関係文書』第二巻、三～五頁
（8）前掲注（3）六九一頁
（9）『伊藤博文伝』上巻、六九一～六九二頁
（10）『プチジャン司教書簡集』（長崎純心女子短期大学）
（11）前掲（3）五七八頁
（12）梅溪昇『お雇い外国人⑪　政治・法制』（鹿島出版会）
（13）岸本英夫編『明治文化史　宗教編』二〇一～二〇二頁
（14）高谷道男編訳『フルベッキ書簡集』一三頁
（15）同右、二〇六頁
（16）同右、一三頁
（17）国立公文書館蔵『公文録異宗徒之部』「十二縣御預異宗徒巡視概畧」
（18）国立公文書館蔵『世外井上公伝』第一巻、三一三～三一四頁
（19）国立公文書館蔵『公文録異宗徒之部』「明治三年三月」

(20) 前掲注(1)一五四～一五五頁
(21) 日本近代思想大系五『宗教と国家』二九四頁「阿部真造による異宗徒説諭大概」(明治五年九月)
(22) F・マルナス著／久野桂一郎訳『日本キリスト教復活史』(みすず書房)三四〇～三四一頁
(23) 大佛次郎著『天皇の世紀』第十七巻(朝日新聞社)、七～八頁

結論

第一部においては、第二部に収載した史料についての分析検証およびその関係資料との比較検討を通じて、「覚書」の資料的価値を明らかにした上で、浦上四番崩れにおける仙右衛門の位置とその歴史的役割について論じた。

第一章において「仙右衛門覚書」の由来ともなる「浦上四番崩れ」にいたるまでの歴史。すなわち「パリ外国宣教会と大浦天主堂建立」、それに続く宣教師とキリシタンの再会、つまり「信徒発見」「浦上四番崩れ」の発端をなした自葬問題の動き、そして大迫害と流配および「キリシタン問題と国際世論」について述べ、第二章では「仙右衛門の生涯」と「仙右衛門覚書」について分析検証を試みた。その結果として以下の三点を明らかにした。

(1)「仙右衛門覚書」には作製年月が明記されていないが、その作製年月が明らかとなった。

(2)「仙右衛門覚書」の中から「長崎でありたる事」と「津和野での事」より、それぞれ最も重要と思われる箇所を選び、その内容について検証した。

①「長崎においてありたる事」より「八十二人の改心と仙右衛門の釈放をめぐって」、②「津和野での事」より「水責め」についての二点をとりあげ、『守山甚三郎の覚え書』『日本キリスト教復活史』及び『浦

上切支丹史』によって、「仙右衛門覚書」の資料的価値について論じ、その記載の正当性を論証した。

(3)加えて「仙右衛門覚書」の記載内容を『守山甚三郎の覚え書』『日本キリスト教復活史』及び『浦上切支丹史』の史料・文献によって論証することを通じて、「仙右衛門覚書」の史料的価値の優位性を明確にした。

第三章において「キリシタン禁制高札撤去の背景」の課題のもと「従来の研究の問題点を洗い直す」方向より再考し、次の結論にいたった。

第一、日本の社会に信教の自由を獲得させた最大の要因は、「キリシタンの存在とローマカトリック教会の支援」及び、これまではキリシタン禁制高札とは直接関係づけられていなかったが「G・H・F・フルベッキが果たした役割」は前近代的な明治政府が抱いていたキリシタンに対する不信を取り除くことにより、日本国を国際社会の中で近代的国家とするために果たした業績は偉大だったこと。殊に長い年月の間、キリシタンは自己の信仰を堅固に保ち続けた結果、幕府から、そして明治政府からも厳しい弾圧を受けたのであるが、浦上四番崩れの発端となった最初の捕縛者たちの一人、仙右衛門が頑強にキリシタンの信仰を守り貫いたが故に、結果的には国家権力によるキリシタン弾圧の政策は終息し、明治政府による弾圧政策はわずか六年で挫折し失敗に終わることになった。つまり、明治政府は最終的にはキリシタンの信仰を改心させられなかったのである。むしろ、幕府も明治政府もキリシタンの堅固な信仰の前に彼らの信念を遂行し得なかった結果が、禁制の高札撤去となったということである。

第二、信教の自由獲得のために果たした仙右衛門の役割は擢《ぬき》んでたものであり、また日本社会の精神性における新しい時代を開く先駆者でもあったことである。

最後に仙右衛門が、現代人に発するメッセージと問いかけについて述べる。

現代日本社会は信教の自由も保証され、外見的には平和な時代である。しかし、仙右衛門死後百余年を数える今日、彼が生涯を貫いて日本の歴史に刻んだ「神への信仰」「人格の尊厳」及び「キリスト教に基づく人間観」のこの精神はいかに生き続けているかを、現代に生きるわれわれに問いかけているのではないかと考える。

それは、神を放逐した現代が人間の価値を強調するのみでその価値を損なう者に対して、特に権力者に対して抵抗するところが弱体であるといわれる近代及び現代日本のヒューマニストに、そして神を信じる信仰者に対する問いかけではないかと考える。

仙右衛門は筆者の曾祖父にあたるが、その血肉の関係を超えわれわれ信仰者の一人として考える時、仙右衛門の存在は日本の歴史に、殊に精神的近代化のため神が特別に賜った人物であったと考えるとともに、また今日の日本の情況においてこそ、仙右衛門の遺業そのものが時代を超え宗教を超えて輝きを放つメッセージであろう。

第二部

史料編

一　「仙右衛門覚書」
二　見舞状
三　切支丹牢屋ノ唄
四　「仙右衛門覚書」（現代文）

凡　例

1　復刻にさいしては、改行は」をもって示す。
2　改頁は』で示す。頁数は原文にはないが復刻にさいして著者が付した。頁数は』の左側に記す。
3　原文には語句間に一字、二字分の空白が多いが、特に提示する必要はないと思われるので、空間の長さにかかわらず、一字分の空白を置いた。
4　原文には句読点はないが、適宜これを付した。
5　原文はほとんど平仮名であるので、該当する漢字を右側に併記した。
6　（　）での併記はすべて著者の記入を示す。
7　抹消の部分が相当に多く、推定字数に応じて〔　〕で表わす。〔　〕内に記入があるのは、抹消して訂正書込みのあるものを示す。
8　原文の後の書込み、または注記と思われる小文字の箇所があるが、原型をとどめ二行書きとした。
9　誤字、脱字と思われるものは（ママ）とし、その右側に注記した。

10　判読できぬものは、その推定字数に応じ、□または〔　〕で示し、推定したものは、〔　〕内に注記した。
11　特殊な記入（書込み）は【　】で示す。
12　注記の短いものは一、二……の番号をもって欄外に記し、比較的長文のものは、※印1、2……の番号により、文書の末尾にまとめた。
13　原文中の意味の判明しないところは（?）で示した。

一 「仙右衛門覚書」

高木仙衛門(ママ)※(1)おぼえがき』[1]

本書ハ明治六年ニ(ママ)つわ野　より
ドミニコ高木仙衛門(ママ)が迫害より赦され
帰郷しペテジヤン(ママ)※(2)司教閣下より長崎と
つわ野の迫害の実情を御ききニ
なりし時森松次郎※(3)氏列席仙衛門(ママ)
の口演を筆記されたるものなり

ベルナルド
高木義人(一)』[2]

(一) 仙右衛門の孫熊本市島崎町にて昭和四十五年六月十八日死去

トミ（ママ）ニゴス※（4）仙右衛門ツヒ（ママ）テ

長崎とタビノ（二）丁

（二）　これは「覚書」の原本のタイトルであり、明治元年（慶応四年）から始まった浦上キリシタンの総流罪をさす。

(1)　長崎ニ《ママ》おいてありたる事

○長崎において、キリシタンの※(5)「やかましきのおこる」はじめハ、しにん《死人》があり
ました　とき《時》、おかみ《上》の」いゝつけを　すこし《少》も　かまハず、又ぼふず《坊主》(三)にも」か
まハずして、キリシタンのそふれい《葬礼》にして」そのしにん《死人》をほふ《葬》もり《ママ》　ました。
それについて、」長崎ごだいくわん《御代官》(四)より、七人を　そふだい《総代》《ママ》として」ごよふ《御用》※(6)が　ご
ざり　ました　とき《時》、わたくし《私》ハ七人」のうち〔に〕ハ　いり《入》ており　ません
けれども、」七人のうち《中》を　壱《いち》人《ママ》をのこ《残》して、そのかハりに』わたくし《私》がご《御
用》よふに　いきました　とき《時》、ごだい《御代官》」くわんの〔　〕まへ《前》において、そのかわり
のおてだい《御手代》(五)」がもうし《申》　ますにハ、そのほう《方》ども　いまだ」キリシタンの　ゆ《許》
るしも〔　〕ないところに、たれ《誰》が　ゆるし《許》を」もって、〔　〕キリシタンの
そふしき《葬式》に　いたしたかと」しかられ《叱》ました。そのとき《時》、わたくし《私》がへんとふ《返答》
に、」わたくし《私》しどもハ、キリシタンであるゆへ　ブツヤ《仏》　シントウ《神道》」ヤ《ママ》『ぼう《坊主》

(三)　僧侶の総称

(四)　江戸時代、幕府の直轄地を支配し、農政を直接受けもつ地方官、勘定奉行に属し、幕領の年貢徴取、司法検察を主務として民政全般にも当った（『日本史用語大辞典　用語篇』）

(五)　「武家名目抄に『手代の手は、私の意ありて、我が手の代官という意あり』とあり」徳川幕府の小使。郡代。代官等の配下で、てがわりの人（『言泉』三〇一〇頁）

ず』を　よぶ事《(呼)》　あいかない　ませんゆえに、むらおとなと《(村乙名)(六)》」しようや《(庄屋)(七)》にうつた《(訴)》へて、そふしき《(葬式)》いたしました」と　もうし《(申)》ましたところが、おてだが《(御手代)(ママ)(い)》　もうす《(申)》にハ、』5この長崎の　おだいくわんさま《(御代官様)》ハしやうぐん《(将軍)》の」かわりすれバ、長崎のとのさま《(殿様)》である。しかれバ《(ママ)》」このとのさま《(殿様)》ハ　そのはう《(方)》ども〔　〕の　なんぎ《(難儀)》に」あへバ、たすけ《(助)》あわれみ《(憐)》ある　とのさま《(殿様)》　なれバ」、そのはう《(方)》どものねがい《(願)》ハなん《(何)》にてもきゝ《(聞)》なさる。」しかるとき《(時)》ハ、日本のしうし《(宗旨)》を　まもり《(守)》て」しようぐんさま《(将軍様)》に　したか《(従)(ママ)》へよとしかられ《(叱)》ました。」これに　こたへ《(答)》まするにハ、(八)天主のごおきて《(御掟)》に・〔さハ《(ママ)》〕らぬ事ハ、なん《(何)》にても　しようぐんさま《(将軍様)》に　したが《(従)》います」によつて、どふぞ　キリシタンを　まもら《(守)》せくだされ《(ママ)》』ともうし《(申)》ました。ところが、おてだい《(御手代)》が　はやく《(早)》」さがれとしかり《(叱)》て、6ごだいくわん《(御代官)》ハうま《(馬)》に」のり《(乗)》て、わたくし《(私)》ども七人の　かほ《(顔)》をうちながめ《(眺)》」て、ごぶぎやう《(御奉行)(九)》に　うつたへ《(訴)》に　ゆきました。」それから　しばらくの　あいだ《(間)》　しずか《(静)》にあり」ました。」それから又　よる《(夜)》の三じ《(時)》じぶん《(時分)》と　おもう《(思)》」とき《(時)》、わたく《(私)》〔し〕ハねいり《(寝入)》

(六)　中世後期以降の村落においてその代表者、あるいはその上級階層を「おとな」と呼んでいる場合がある（『国史大辞典』八七四頁）

(七)　江戸幕府時代の村の百姓の長、領主の命を受けて、郡代または代官の下にあって、その他の事を司る。一般に村内の旧家が世襲して勢力をもつ。むらおさ。なぬし（『言泉』二〇二九頁）

(八)　キリシタン時代、ラテン語およびポルトガル語のDeusから「テウス、デウス」（カサナテンセ図書館文書Ms2131～13他）が一般に用いられたが「天主」の用語も一五八〇年代のエヴォラ屛風文書にあらわれている（松田・海老澤著『エヴォラ屛風文書の研究』、ナツメ社、一九六三年、一九頁）

て　おりました。とをひどく」たゝくゆへに、ねさめて　みましたところが　いへ《(家)》の　うち《(中)》にハ　とりて《(捕手)》の　やくにん《(役人)》いつぱいき《(来)》て、7』わたくし《(私)》を　ひきお《(起)》こして　しばり《(縛)》　ますゆへに、」わたくし《(私)》もう《(申)》し　ますにハ、なん《(何)》のとが《(科)》あれバ」かやうに　とらへ《(捕)》かた《(方)》に　しまするかと　たづね《(尋)》」ましたところが、ふとゞけな　やつ《(奴)》　この事　ハ　のち」ほどわかると　いゝて、うたれ《(打)》　まし〔て〕しばら《(縛)》れて」ひかれ　まするとき《(時)》、げんたろう《(源太郎)(ママ)(十)》も　とも《(共)》に　ひかれて」ゆく《(行)》みち《(道)》に、ざんじの　あいだ《(間)》○やさぶろ《(弥三郎)(ママ)》のうち《(家)》へ○《(ママ)》とめられ」て、ひら《(平)》のまたいち《(又市)(十一)》の　かた《(方)》ハ　どこかときかれ《(聞)》ました。」けれども、わたくし《(私)》　またいち《(又市)》をとら《(捕)》せまじきために」おしへ《(教)》ません。又げんたろう《(源太郎)(ママ)》にも　いわ《(言)》せません。8』このゆへ《(故)》に、かたな《(刀)》をぬぎ《(抜)》て　きる《(斬)》ぞいゝて」かたな《(刀)》のせなか《(背)(ママ)》て　くび《(首)》を　うたれ《(打)》ました。それ。《(ママ)》」はやく《(早)》〔　〕あゆめ《(歩)》とせめ《(責)》たてられ、『うらかみ《(浦上)》の』しやうや《(庄屋)(ママ)(の)》」いへ《(家)》にゆき《(行)》、こゝに　すこし《(少)》の　あいだ《(間)》とめ《(留)》おか《(置)》れ」ました。それから　さくらまち《(桜町)》の『六ばん《(番)》の』ろやに《(牢屋)(ママ)(十二)》」いれ《(入)》られました。いれ《(入)》らるゝ　とき《(時)》　まるはだか《(丸裸)》に」して、

（九）　武家時代の種々なる職の長官、現在の局長位のもの。徳川時代には、寺社奉行・町奉行・勘定奉行を三奉行、普請奉行・作事奉行・小普請奉行を下三奉行と呼んだ。この他御目見以上、御目見以下、および中央・地方を通じて常置、臨時のものにも、何々奉行と称したものが多かった（『言泉』四〇〇三頁）

（十）　仙右衛門の次男

（十一）　本原郷の水方

（十二）　今の長崎市水道局庁舎と商工会議所のところにあった。一六一二年から一六一四年まで聖フランシスコ教会があり、その破壊後、獄舎が建てられた。キリシタン迫害時代、多くの司祭・信者の殉教者たちが苦しみをたえしのんだ場所であった。

とつて《(取)》なげ《(投)》られて、ろない《(牢内)(ママ)》のしきハう《(式法)》を」うけ《(受)》ました。それから　ろない《(牢内)(ママ)》のかしら《(頭)》の　カンバウ《(監房)》(十三)とて、」うたを　うたへと　もうし《(申)》ました　けれども、」うた《(歌)》をうたいません。又かれ《(彼)》もうし《(申)》ますることに、9』そのはう《(方)》ハ　なん《(何)》のゆへ《(故)》に　このろや《(牢屋)(ママ)》に　いり《(入)》しぞ」とたづね《(尋)》ました。それにこたへ《(答)》て、わたくし《(私)》ハ」キリシタンの　ゆへ《(故)》でござるとい〻て、天主の」事をはなし《(話)》ました。この六ばん《(番)》のろや《(牢屋)(ママ)》に」いちや《(二夜)》　とまり《(泊)》て、又七ばん《(番)》の　ろや《(牢屋)(ママ)》にう〔つ〕《(移)》」され、こ〻にもいちや《(一夜)》　とまり《(泊)》て、又こ〔し〕ま《(小島)》のろに《(牢)(ママ)》」(十四)うつされ《(移)》　ました。このこしま《(小島)》のろない《(牢内)》にをるとき《(時)》」およそ　ごまいじき《(五枚敷)》バかりの　ところに、〔四〕《(ママ)シ》十人　バかり」いれ《(入)》られますれハ《(ママ)》、じゆう《(自由)》にぬる《(寝)》事も又すハる《(座)》事なり」かたし。カンバウ《(監房)》がキリシタンの　しきほう《(式法)》を　する事」を　きらい《(嫌)》　ましたけれども、キリシタンを　やめぬ　ため、10』ろや《(牢屋)(ママ)(に)》　きて《(ママ)》をれバ、オラシヨ(十五)など〔　〕をわたくし《(私)》ハ　やむる」事ハ　かないませんと　い〻《(言)》て、そろ〱オラシヨも　する事」かない　ました。又この　こしま《(小島)》の　ろや《(牢屋)(ママ)》に　をる　うちに、」はじめの

(十三)　十七世紀キリシタン迫害時代には、司祭がいない時、司祭に代わり、信徒の霊的世話をする者を看坊といった。ここでは、監房であろう。

(十四)　小島郷にあった長崎代官高木作右衛門の牢屋敷をにわかに補修して、浦上キリシタンの牢にあてられた。長さ八間、幅六間、四十八坪の牢屋だったという（『浦上四番崩れ』六七頁）

(十五)　祈禱。キリシタン時代にOracão（ポルトガル語）およびOratio（ラテン語）から「おちさん」または「おらしょ」などといった。

ごやう《御用》〔にいで〕ましたとき《時》、〔　　〕」〔ぶぎやうの《奉行》〕かハり《代》となりて、
こと《事》をさばく《裁》ミヤスかた《目安方》(十六)」といふ《言》やく《役》人がたづね《尋》まするにハ、そのはう《方》ハ
「□□□□《フランス》」の天主堂(十七)にゆきたとき《時》ハ、たれ《誰》〔が〕ことば《言葉》をつうじ《通》」てをしへ《教》
をきいた《聞》かともうし《申》ましたによりて、」わたくし《私》ことたへ《答》《ママ》ますにハ、パ
テル(十八)とて天主の御めう《名代》」だいがわたくし《私》がことば《言葉》もわかりまれ《ママ》バ、又
わたくし《私》」がわかるやうにいゝ《言》なさるによつて、つうず《通》人なくし』[11]てきゝ《聞》
ましたと。又たづね《尋》られまするにハ、たれと《誰》」ともに《共》いたか《き》《ママ》、又ふね《船》より
ゆきたか《行》、かちから(十九)ゆき《行》」たかと、もうし《申》ました。これこたへ《答》ますに、
わたくし《私》」キリシタンのしそん《子孫》のもの《者》であれバをしへ《教》を」のぞて《望》《ん》《ママ》をる
ゆへ《故》に、ともだち《友》なくしてゆきたい《行》」とき《時》ハ、じぶん《自分》でいつて《ママ》もいきまし《行》
たと、もう《申》」した。又たづね《尋》られますにハ、たれ《誰》がさき《先》たつてをしへ《教》」をしたか、
又たれ《誰》がさき《先》だつて天主堂などもつくり」たかと、もうされ《申》ました。これに
こたへ《答》て、たれ《誰》がさき《先》」だつてといふ事ありません。むらかた《村方》いつしよ《一緒》に」

（十六）　徳川幕府の民事訴訟に従事する諸役人の総称。めやすがかり（『言泉』四六二二頁）

（十七）　教会のことをキリシタン時代には、「ゑけれしや」「恵け連しや」と称した。（天正十六年五月十日付五畿内信徒イエズス会総長宛奉書状、ローマ、イエズス会文書Gap Sin 186 a.7）（松田毅一、史学雑誌67－9）

（十八）　Pater　ラテン語で「司祭」の意、キリシタン時代、ポルトガル語のPadreから「伴天連、はあてれ、はてれ」など（カサナテンセ図書館文書他）、「宗湛日記」（『茶道古典全集』第六巻三四頁、千宗室編、淡交新社）天正十五年六月十日の条に「ハテル」とある。

こゝろ《(心)》が　そろうて、天主堂を　つくろうといふこゝろ《(心)》が』12 おこり《(起)》まして　つくり　ましたと、〔　〕もう《(申)》しました。」ところが　そのはう《(方)》ハ　まこと《(真実)》ハいは《(言)》ぬ。みな《(皆)》いつわり」の〔事を〕いう。さき《(先)》だつ人が　をらずに、たとへなに《(何)》をするに」しても、できるものてない《(ママ)》と　しか《(叱)》られました。」又まつすぐ《(真直)》に　もう《(申)》せと（二〇）びんつらをうちました。」その日ハそのまゝ《(ママ)》。【ごやうすみ《(御用済)》になりて】ろや《(牢屋)(ママ)》にかへりました。又その」よく《(翌)》日《(ママ)じつ》のごやう《(御用)》に　いでましたとき《(時)》、そのはう《(方)》ハ」いつはりハ　いは《(言)》ずに　まつすぐ《(真直)》　いへ《(言)》ともう《(申)》されました。」そのとき《(時)》、いつはりハ　もう《(申)》しません。まこと《(真実)》の事で」ござり　ますといゝ《(言)》　かたまり　ました。（二一）そのとき《(時)》、」もう《(申)》され　まするにハ、日本ニ　そのはう《(方)》どもをたすく《(助)》る』13 しうし《(宗旨)》あり。しよふぐん《(将軍)》にしたか《(従)(ママ)》ふて、それを」まも《(守)》れよと。これに　こた《(答)》へまするにハ、日本にたす《(助)(ママ)》る」しうし《(宗旨)》が　あるならバ、それにしたか《(従)(ママ)》いませふ《(ママ)》、けれど」わたくし《(私)》どもハキリシタンで　あれバ、てんちバんもつ《(天地万物)》」いまだ　なきとき《(時)》より　天主がありて、みな《(皆)》てんちバもつ《(天地万物)》」もつくり、人《にん》げん《(ママ)(間)》　のはじめを

（十九）徒歩、「車馬になど乗らず、足にて歩むこと」拾遺『山科のはだのさとに馬はあれどかちよりぞくる君をおもえば』（『言泉』七五七頁）

（二〇）Binzzura　頭のこめかみの部分（『日葡辞書』）

（二一）つよく主張すること

つくりました。」天主ハ、われらのまことの　御おや《(親)》で　ござる。」この
おんおや《(御親)》の　ほかにハ、なに《(何)》もしんじて《(信)》」うやまう《(敬)》事ハ　でき　ませんと。又
この天主の十ケ」じやう《ジ(条)(ママ)》の御おきて《(掟)(二二)》にも、〔　〕天主の御おきて《(掟)》に　さは」ら
ぬ事ハ、しやうぐん《(将軍)》様かた《サマ(ママ)(方)》　によく　したかへ《(従)》とあり』14　ますれバ、わたくし《(私)》の
おや《(親)》よりい《(言)》ゝつたへら〔るゝに〕天主より　ほかの　ものを　をかむ《(拝)(ママ)》な、又
ごねんぐ《(御年貢)※(7)》を」よくおさめ《(納)》　ばん《(?)》　くやく《(二三)(公役)》をよく　つとめ《(務)》よとの事」なれバ、さよ
うな事もつとめ、キリシタンハ　おかみ《(上)》に」いつき《(二四)(一揆)》を　した事も　ありませんと
もうし《(申)》〔　〕ま」した。そのとき《(時)》もうされ《(申)》ますするにハ、これまでシヤウ□《(聖徳寺)》
□」ジ《(二五)》といふ　ジヤウドシウ《(浄土宗)》のてら《(寺)》をたて《(建)》ておる。〔　〕また」かみ《(神)》にもかゝりい
たしたことと《(ママ)》くせよと。これに」こたへて《(答)》、それハこれまてハかきの《(?)》　ために
うはむき《(上向)》」ばかりて《(ママ)》しました　〔　〕けれども、天主の　ごめう《(二六)(御名代)》」だいのパテル
より　をしへ《(教)》　といて《(説)》みますれバ、それ』15　を　する事　かないませんと　もうし《(申)》
ました」ところが○《(ママ)》その〔ハ〕テルハなに《(何)》を　をしゆる《(教)》か　とたづね《(尋)》」ました。

（二二）　十戒の中の第一条

（二三）　公より人民に、課する軍役夫役（『言泉』一一六四頁）

（二四）　一、「揆」は、はかるという意味、心を同じくすること。二、一郡の軍兵。三、土民が徒党をくんで武器もって官に反抗すること。または土民の相互に争闘をなすこと。ここでは三の意（『言泉』二五〇頁）

（二五）　浦上村山里の壇那寺。現在もこの寺はある。

（二六）　他に代わってつとめる人、代理。浦上キリシタンが好んで使用したことば。現在、潜伏キリシタンの中で、ローマのパパ様の御名代を待ち望むなど、この言葉は使用されている。

こたへて《答》パテルハ　人ノアニマ（二七）の　たすかりを」おしへ《教》ますると　もうし《申》ました。
ところが、又もう《申》」されまするに、人げん《間》が　天主の　めうだい《名代》　たる事ができ
る」かと。これに　こたへて《答》、六七さい《才》よりがくもん《学問》してふぼん《不犯》（二八）を　まもり《守》て、
人に　つみとが《罪科》の　ゆるし《赦》を」あたゆる《与》　ちから《力》を　うけ《受》た　もので　ござると。
その」日ハ御《ゴ》（ママ）やうず《用済》みになりました。この御《ゴ》（ママ）やう《用》ハ」つかう《都合》（ママ）　たてやまやしき《立山屋敷》（二九）と
にしやくしよ《西役所》（三〇）に　十たび《度》」ゆき《行》ました。16』又それから　さくらまち《桜町》の　一ばん《番》の
ろや《牢屋》（ママ）に」うつり《移》　ました。そのとき《時》ハ　ろない《牢内》（ママ）の　しき《式法》」はうなども　きびし
うござりました。このろや《牢屋》（ママ）にハ、」カンバウ《監房》も七人　をりました。又七人のほか
に」すぐれ人《びと》（ママ）をりまして、みな《皆》わたくし《私》ども」をいろ〳〵いゝ《言》て　かいしん《改心》させ
て、おかみ《上》に　ちう《忠義》」ぎせんとの　事　なれバ、みな《皆》　わたくし《私》どもを」一人
つゞよび《呼》まして、かいしん《改心》せろとくち《口責》」ぜめをいたしました。けれども、
かいしん《改心》する」事も、うハむき《上向》　ばかりで　すつる《捨》事もかないませんと」もうし《申》
ました。又もとすけ《元助》といふ人』17』もうし《申》まするにハ、わたくし《私》ハ　いちぶきさみ《一分刻》（ママ）

（二七）　ポルトガル語 anima 霊魂

（二八）　女と交わらぬこと、邪淫戒を犯さないこと。「蟬丸（元禄、近松作）」上「我幼少ヨリ出家ヲ望、一生不犯ノ願ヲ立テ仏ニ誓言タテシユエ」（『大言海』第四巻二一二三頁）

（二九）　長崎奉行所二か所の一つ、キリシタン時代に建てられた「山のサンタマリア教会」跡にできたもの。先年まで県庁仮庁舎がここにあった。

（三〇）　「被昇天のサンタマリア教会」跡に建てられたもの。現在の県庁のところ。長崎奉行所の二か所の一つ

に」きざ《(刻)》まれても、かいしん《(改心)》することかないませんと。」そのとき《(時)》、〔　〕カンバウ《(監房)》そのほかすぐれた人もうし《(申)》」まするにハ、それならバごやう《(御用)》にで《(出)》よとあり。」そのあした、《(ママ)》〇もとすけ《(元助)》そのほか、お《(?)》〔　〕さく　まち《(桜(ら)町)》の」二ばん《(番)(ママ)》ろや《(牢屋)》三ばん《(番)》のろや《(牢屋)(ママ)》　にいり《(入)》し人、つがう《(都合)》」六人はがり《(ママ)》、ごぎんみしよ《(御吟味所)》に　ごやう《(御用)》にいで」まして、きびしき　つなぜめ《(綱責)》《(三一)》にあい《(ママ)》、又きびし」くう《(打)》たれて、かどぐち《(門口)》にひきだ《(引出)》され、す《(捨)》てもの」にして、ころ《(転)》ばかして　おきけり。このありさま《(有様)》」をこしま《(小島)》のろや《(牢屋)(ママ)》よりき《(来)》た　八十人ばかりの人18』そのうち《(中)》をんな《(女)》も　六人ばり《(か)(ママ)》　おり《ました。それら二》このありさま《(有様)》」をみ《(見)》せけり。《(ママ)》そのうたれた六人のもの〻」うち《(中)》、コンヒリマサンをうけ《(三二)(受)》ておりても、このとふり《(通)》」に〔　〕くる《(苦)》しみあれバこのうへ《(上)》ハ　しのぎ　がた」しと〔　〕いう人ありて、みな《(皆)》六人ともに」それと《(ママ)》　そだん《(相談)》してかいしん《(改心)》　いたし」ました。そのとき《(時)》　やく《(役)》人〔　〕リヨ《(?)》ウクンをはじめ」として、あれみ《(見)》　たか、あのとふり《(通)》にからだ《(体)》〔　〕」のなりて　から　かいしん《(改心)》するか、いまからだ《(体)》の」いた《(痛)》まぬうち《(中)》に　かいしん《(改心)》する　はうか《(ママ)》

（三一）　江戸時代の拷問の一種、慶長年間に彦坂九兵衛という人が考案したもの、囚人の手足を背後に回して、背中に石をのせ宙に吊上げて振り廻すもの。全身の脂が頭へ下り油が水のようにたれたという（『大言海』第三巻九三三頁）

（三二）　堅信の秘跡、信仰を強め、それを正しくあらわすために聖霊の恵みを与える秘跡のこと。

よいと」もうさる《申》れバ、それに　おそれ《恐》て、八十人ばかりの」19もの《者》　みな《皆》かい《改》しん《心》になりました。その」とき《時》、わたくし《私》ハある一人のともだち《友》ととも《共》に」御《ママ》やう《用》〔　〕ハ　ありませんゆへ《故》に、ろや《牢屋》《ママ》にのこり《残》てい」ました。そのかいしん《改心》になりたる　もの《者》〻　うち《中》、もと」すけ《元助》といふ人、わたくし《私》の　おるろや《牢屋》《ママ》にビシヤモン《毘沙門》※8といふ」とぐち《戸口》より〔いれ《入》バ、ろない《牢内》《ママ》のもの《者》ども、その〕あたま《頭》をつかんで　ひき、」てつぽうぜめ《鉄砲責》にして、ほね《骨》も　くだくるが　ごとし。」いかんとなれバ、ごやう《御用》に　いでぬうちにろない《牢内》《ママ》〔のもの《者》〕」ども　かいしん《改心》せよとすゝめても。《ママ》いちぶ《一分》ためしに」きざ《刻》まれても、かいしん《改心》せぬと　がうしよ《強情》《ママ》ふして、」ごやう《御用》に〔いで〕たるとき《時》、かいしん《改心》すれバなり。」20又わたくし《私》ととも《共》にのこり《に》《残》ておりました　い□《ち》《ママ》さぶろ《市　三郎》」も、かやうの　ありまさ《有様》を　み《見》て、こころ《心》が　よはり《弱》、」ろない《牢内》《ママ》のうち《中》にて　かいしん《改心》せんと　み《見》ゆるゆへ《故》に、」わたくし《私》もこれをすゝめて、それハ　御主様[三三]、」サンフランセスコザベリヨ※9又日本の　まるちれす[三四]に〔　〕」たい《対》しても　すまぬ事で　あれバ、これに　たい《対》」

(三三)　主イエズス・キリスト
(三四)　殉教者

して、又スピリトサントのちから《(力)》(三五)を　もつて、ともに《(共)》」しのぎ　ませうと　すゝ《(勧)》むれども、とても」しのぎ　とふし《(通)》かたしと、ろないの《(牢内)(ママ)》　うちにて《(中)》」かいしんし《(改心)》て　ゆき《(行)》ました。そのあと《(後)》にわた《(私)》」くし　ひとり《(二人)》　のこり《(残)》ますれバ、ろないの《(牢内)(ママ)》ものども《(者共)》、21』かはり〳〵　わたくし《(私)》〔に〕かいしん《(改心)》させんために、いろ〳〵すゝ《(勧)》めました。又ろないかしら《(牢内頭)(ママ)》が」かくだんに　わたくし《(私)》をすゝ《(勧)》めて、『ねんごろに』もうす《(申)》にハ、その」はう《(方)》ハ、うち《(家)》にハ　つま《(妻)》(三六)もなく、こども《(子供)》(三七)ばかり　いのこつて《(残)》」おるそうじやが、からだ《(体)》を　いだめすに《(ママ)》　かへりた《(帰)》　ならバ、」こども《(子供)》に〔　　　〕なんぎ《(難儀)》もみ《(見)》せず、又　おかみ《(上)》にもにうわな《(柔和)》ものと」なりて、ごほふび《(御褒美)》がある。又たゞいま《(唯今)》のせめ《(責)》をみ《(見)》たか。」人《ひとびと(ママ)》　このしのぎゐずに、みな《(皆)》かいしん《(改心)》すれバ、その」はう《(方)》も　とても　ひとり《(二人)》しのぐ事ハ　かなはぬ。」そのだうり《(道理)》を　よくかんかへ《(考)》て《(ママ)》　よくみ《(見)》〔よ〕22』。そのはう《(方)》の事を　おも《(思)》ふて、かやうにもうす《(申)》に」よつて、いまかいしん《(改心)》せよと。〔　　　〕」〔　〕だん〳〵せしい《(?)》されました。わたくし《(私)》」これに　こた《(答)》た

(三五)　聖霊

(三六)　イザベリナ・シヨ、一八六〇年(万延元年)七月十三日死亡

(三七)　長男敬三郎、次男源太郎、二人は神学生志願者として大浦天主堂に預けられ、三男仙太郎(のち愛恵と改名)当時六歳は一人家に残っていた。

へまするに、「あなたがた《(貴方方)》のいま《(今)》の」ことば《(言葉)》ハ、ずいふん」わかり　ますする。しきしん《(色身)》(三八)のためばかりにハ、このうへ《(上)》」なき　ねんころな事《(ママ)》でござりまする。けれども」天のあるじ《(主)》より　あたへ《(与)》られたるアニマ、そのごおん《(御恩)》」の天主の　ために　このうへ《(上)》なきわざはい《(災)》　なれバ、」どふも　きのどく《(気)(毒)》ながら、〔　〕かいしん《(改心)》る《(ママ)(す)》事ハかない」ません。おかみ《(上)》のごやう《(御用)》のとき《(時)》も、やつくわい《(厄介)》としり《(知)》」ながら、かいしん《(改心)》せずにをりまする。じつ《(実)》に、わたくし《(私)》ハ』23人とに　おそれ《(恐)》　ません。たゞ天のあるし《(主)(ママ)》ばかりに」おそれ《(恐)》まする。どふぞ　おじひ《(慈悲)》に　ごぎんみ《(御吟味)》じょ《(所)》」のごやう《(御用)》を　うけ《(受)》させくだされ。わたくし《(私)》ハ」百人《(ママ)ヒャクニン》ありてちから《(力)》ある、又ひとり《(二人)》になりて」よわく《(弱)》　なるといふ事　ありません。ひとり《(二人)》になり」ても、もとのこゝろ《(心)》ハ少しもきへ《(消)》ませんともうし《(申)》ました。」ところが、そのろや《(牢屋)(ママ)》のかしら《(頭)》　もうし《(申)》まするにハ、」それならバ　もかいしん《(う)(改心)(ママ)》せろともうし《(申)》ません。わたし《(私)》も」もとハ　さむらい《(侍)》なれバ、わたくし《(私)》が　とのさま《(殿様)》に　ちうぎ《(忠義)》の」為《(ママ)ために》。いくさ《(戦)》いでゞひとり《(ママ)(二人)》になりても、とのさま《(殿様)》にご」ほうこう《(奉公)》せんとの　こゝ《(志)》

(三八)　物質的存在（色＝しき）としての形をもった身、つまり肉身のこと（『総合仏教大辞典』五二三頁）

ろざしを、そのはう《(方)》の天の24』あるじ《(主)》に　ごはうこう《(奉公)》をせんとするも　どふぜん《(同然)》と」もうし《(申)》て、もうこれからハなにも《(何)》　いわん《(言)》と」もうし《(申)》ました。《(ママ)》『わたくし《(私)》』このじぶん《(時分)》　たゞ　御主さま、」日本のごかいさん《(開山)》(三九)フランセスコ、マルチレス、又大坂《オオサカ》《(ママ)》の」ヱヒスコホ様※(10)又いまの長崎のヱビスコホさまかた※(11)〔の〕」ごおん《(恩)》などがみにしみ《(身)》、め《(目)》のさきに　あるやうに、」そのとき《(時)》〔　〕こゝろ《(心)》に　おぼへ《(覚)》ました。」このじぶん《(時分)》に　あたって、やくにん《(役人)》ハ　たびぐ《(ママ)》きて」ろや《(牢屋)》《(ママ)》のそと《(外)》よりいまだ　せんゑもん《(仙右衛門)》ハ　かい《(改心)》」しんせずやと　たづね《(尋)》ましたとき《(時)》、ろや《(牢屋)》《(ママ)》の」かしら《(頭)》ハ、いまだ　かいしん《(改心)》に　なりません25』ともうし《(申)》ましたところが　やくにん《(役人)》もう《(申)》」しますにハ、かいしん《(改心)》ニならぬ　ならバ、しいて」せんゑもん《(仙右衛門)》にかいしん《(改心)》をさするなと　もうし《(申)》」ました。そのひ《(日)》ハ　セスタ《(四〇)》と　わたくし《(私)》　おもい」《(思)》まして、さいご《(最後)》の　かくご《(覚悟)》に。『はし《(歯)》がいたむ《(痛)》といふて《(言)》』(四一)、あさめし《(朝飯)》をたべ《(食)》」ずして　おりましたところ(四二)が、ろや《(牢屋)》《(ママ)》の」かしら《(頭)》の　うち《(中)》に、それを　あわれ《(哀)》に　おもう《(思)》や、」じひ《(慈悲)》する人も　おりました。そのひ《(日)》のばんかた《(晩方)》に、」ごやう《(御用)》が

(三九)　仏教用語。昔、寺院はだいたい山を開いて建立していたのでこの言葉がいわれた。初めて寺院を建てまたは宗派を創めた人、開祖、開基。

(四〇)　金曜日

(四一)　『浦上切支丹史』や『浦上四番崩れ』には、「腹が痛む」となっているが、原本には「はしがいたむ」としか読めない。故に「歯が痛む」と解釈した。

(四二)　自己犠牲のため、断食したのである。

ありまして、ごきんみしよ《ママ》《御吟味所》に　ひき《引》だ《出》されました。やく《役》人より　もう《申》され　まするにハ、」そのはう《方》ハ　これほど　ごぎんみ《御吟味》にあうといへども26』き《聞》ゝい《入》れず、たゞひとり《一人》　ごうじやう《強情》いた」す。うらかみ《浦上》に　たて《建》ゝあるところの　天主堂」四けんハ。※(12)(ママ)【めう日】やきはらい《焼払》になるが、これほどになっても、」そのはう《方》ハ　しやうぐん《将軍》に　そむき《背》て、わがみ《身》に」なんぎ《難儀》を〔　〕かくる事に　ごうじやう《強情》　もうす《申》」しから《叱》れました。又　ミヤスかた《目安方》のをる」ごぎんみじょ《御吟味所》に、はだか《裸》して〔　〕きびしく」しば《縛》りて　ひきたされ《ママ》ました。そのとき《時》」ミヤスかた《目安方》もうす《申》にハ、そのはう《方》一人しやう《将軍》」ぐんのいふ《言》事を　き《聞》ゝ　いれ《入》〔　〕ざるによつて、」そのはう《方》一人のために　せき《席》をもうけ《設》、これほど27』御《ママ》てかず《手数》さすると。《ママ》それにこたへ《答》〔て〕、わたく《私》」しもう《申》しまするに、(四三)てんし《天子》、しやう軍《将軍》」ぐん様のいふ《言》事をわたくし《私》　き《聞》ゝいれぬとハ」もう《申》しませぬ。天ちばんも《地万物》〔つ〕　なき　とき《時》」より天主様が　ありまして、みな《皆》　てんし《大子》、」しやうぐん《将軍》様もこの天主様が　つくり　ますれバ、」〔　〕天し《ママ》《子》、しやうぐん《将軍》様より　天主

(四三) 天皇

様がうへ《(上)》」であるとわたくし《(私)》　おもい《(思)》ますする。ブツや《(仏)》」シントウ《(神道)》のみち《(道)》にさへかか丶らねバ、なんにても《(何)》」てんし《(天子)》、しやうぐん《(将軍)》様のいふ《(言)》事ハきゝま《(聞)》」する。〔　〕天主のごおきて《(御掟)》かのふ事ハ天し《(ママ)てん(子)》、28 しやうぐん《(将軍)》様のいふ《(言)》事に　したがい《(従)》ますると」まうし《(申)》ました。そのときミヤスかた《(時)(目安方)》なにも《(何)》いわず《(言)》に、」しずか《(静)》にして　おるゆへ《(故)》に、又わたくし《(私)》　まう《(申)》」しまするにハ、このまちへん《(町　返)》に　キリシタンに」ついていろ〳〵　ひやうばん《(評判)》が　ありまする。それハ」キリシタンハ　アマクサ《(天草)》の　てんのしろ《(天)(四郎)(四四)(ママ)》　チゞワ《(千々石五郎左衛門)(ママ)(四五)》」ごろさゑもん、サゲハル　きんさく《(金作)(四六)》のやう」に、むほん《(謀叛)》を　したり、いろ〳〵かつて《(勝手)》　じゆう《(自由)》」に、わがまゝ　するものゝやうにいゝ《(言)》たてますれは」バ、いづれ　おかみ《(上)》もそのとうりな　うたがい《(疑)》」して　お〔り〕ませふと　おもい《(思)》まする。それハ29 おほき《(大)》に　りよふけん《(了簡)》　ちがい《(違)》でござりまする。」又キリシタンハ　まめ《(豆)》も　こだまになし《(四七)》」、しば《(柴)》のは《(葉)》もばんきん《(万金)》にすると、いろ〳〵」もうし《(申)》まする　けれども、キリシタンハ」さやうな　ものでありません。若シ《(ママ)もし》　さやうに」あるならば、うらかみ《(浦上)》の　きり《(キリ》

(四四)　島原の乱の主将天草四郎時貞を略し、「天の四郎」と称していたのであろう。

(四五)　「島原天草日記」(比屋根安定編『吉利支丹文庫』第三篇、昭和二年、警醒書店)三五頁に「天草土賊城中話」また一二八頁に「城中惣頭覚」として、千千岩(石)村の五郎左衛門の名が見える。

(四六)　不詳

(四七)　小玉銀・豆板銀のこと。徳川幕府で鋳造した豆状の銀貨幣で慶長豆板銀・天保豆板銀・安政豆板銀などがある。明治元年五月通用が禁止された。まめいた、まめぎん、こだまぎん、こだま、ぎんまめ(『言泉』四三九四頁)

したん《シタン)》ハ　みな《(皆)》」かねもち《(金持)》　ばかりで　ござりませふ。又《(ママ)》ろや《(牢屋)》をる《(に)》」とき《(時)》ハ、
〔　〕せまき《(狭)》ところにおかれてふじゆう《(不自由)》」にありても、ろや《(牢屋)(ママ)》をやぶり《(破)》て　じ《(自》
ゆ《由)》うするもの」ひとり《(一人)》　をりません。又ごやう《(御用)(の)》　とき《(時)》より　ほかに」ろや《(牢屋)(ママ)》をづ
るもの《(者)》もありませねバ、けつして《(決)》30』キリシタンハ　てん《(天)》の《(ママ)》しろ《(四郎)》のこ《(ママ)》　ときの
もの《(者)》で」ありません。それをいろ〳〵うたがい《(疑)》まするハ」おほきな《(大)》。ふいきとゞ
きでござる。」又わたくし《(私)》ハ〔　〕こゝろ《(心)》のうち《(中)》に　かいしん《(改心)》」せ〔ぬ〕とさ《(定)》
だめて　あれバ、まつすぐ《(真直)》に　かいしん《(改心)》」せ〔ぬ〕ともうし《(申)》まする。こゝろ《(心)》の
うち《(中)》て《(ママ)》ハかい《(改心)》」しんせぬ、うらかみ《(浦上)》にかへり《(帰)(ママ)》　もキリシタンをさ《(盛)》」かんにす
る　つもりをもつて、くち《(口)》でかいしん《(改心)》」するともうし《(申)》　まして、おかみ《(上)》を　たば
かし」ません。さやういたしますれバ、かへって」御かみ《(上)》〔の〕おてかず《(手数)》、御《(ママ)ご》
やつくわい《(厄介)》をかけまする。31』ゆへ《(故)》に、〔　〕こゝろ《(心)》のうち《(中)》にかいしん《(改心)》せぬと」
おもい《(思)》　まする《(れ)(ママ)》バ、まつすぐ《(真直)》　かいしん《(改心)》せぬともう《(申)》」しますともう《(申)》しました。そ
のとき《(時)》　き」びしく　しばら《(縛)》れますれバ、のんど《(喉)》〔わき《(腋)》のし《(下)》」〕ハしだい〳〵に

つな《(綱)》がし《(締)》まりて、じゆつなき」にあまりて(四八)　みぎ《(右)》　だけのことば《(言葉)》を　やう〳〵」もう《(申)》しました。ところが、又〔　〕ミヤスかた《(目安方)》」もう《(申)》すにハ、そのはう《(方)》ハごかうさつ《(御高札)》(四九)ハし《(知)》りて」おるかとたづ《(尋)》ねました。わたくし《(私)》こたへ《(答)》て」もう《(申)》しまするにハ、わたくし《(私)》ハ　じ《(字)》を　よ《(読)》む事ハ」かないません。。《(ママ)》〖けれども〗人からき《(聞)》いて、その事ハ　百も32』せん《(千)》もしやうち《(承知)》して　おります　る《(と)》い《(言)》ゝ」ました。

又　ミヤスかた《(目安方)》　もう《(申)》しまするにハ、」そのはう《(方)》ハ　天帝《テンテイ(ママ)》ヲ　しんかう《(信仰)》するか、その」天帝《テンテイ(ママ)》(五〇)が　天主《デウス(ママ)》といふのじや。それハ日本のくに《(国)》も　し《(知)》つておると　もう《(申)》しましたとき《(時)》、わたくし《(私)》」これに　こたへ《(答)》て、天帝が〔　〕天主といふといふ事を」日本のくに《(国)》も」し《(知)》つておりなら《(る)(ママ)》バ、かほど　に」ごきんみ《(御吟味)》ハいりますまいと　おも《(思)》いまする　ともう《(申)》す《(ママ)》。」又ミヤスかた《(目安方)》　もう《(申)》しまするにハ、日本のくに《(国)》にハ」ゆる《(許)》しか《(ママ)》　ないのじや。それに　だれ《(誰)》が　ゆる《(許)》し」を　もつて、そのしんかう《(信仰)》〔を〕するか。又ごかう《(御高札)》33』さつを　し《(知)》りながら、それをいたすに」よって　おい〳〵ごきんみ《(御吟味)》いたす。〔　〕もさげ《(ママ)》」ろともう《(申)》しました　とき《(時)》、つな《(綱)》を

(四八)　せつなくなって

(四九)　往来のはげしいところに高く揚げて、公衆に示す制札、掲示札。

(五〇)　天命を主宰する神、天地の主宰、造化の神、上帝（『大言海』第三巻四九八頁）

ゆるされ《(許)》」てろやに《(牢屋)(ママ)》 かへり《(帰)》ました。ところが ろないの《(牢内)(ママ)》」もの《(者)》〔ハ〕ねず《(寝)》にまちて《(待)》 おりまして、いろ〳〵」にわたくし《(私)》〔を〕あいし《(愛)》ました。なんと《(何)》」なれバ、ろない《(牢内)(ママ)》において〔　　〕じやうぶ《(丈夫)》」あるがごとく、ごやう《(御用)》にいでてもかいしん《(改心)》」せすに《(ママ)》かいれ《(帰)》ハ《(ママ)》なり。」そのあした、ろや《(牢屋)(ママ)》のかしら《(頭)》 もうし《(申)》ますにハ、そのはう《(方)》ハ かほどに いのち《(命)》を さゝぐる《(棒)》からハ、34』なにも《(何)》 おそれ《(恐)》ずにおかみ《(上)》に なにこと《(何事)》にても」〔　〕もうす《(申)》か《(ママ)》 よい。も、おそる《(ママ)(恐)》ゝ事ハな〔い〕。」われも そのほふ《(方)》にハこれから なにも《(何)》いはぬ《(言)》と」もうし《(申)》ました。又そのひ《(日)》にごやう《(御用)》があり」まして、つれ《(連)》られてゆく《(行)》 みち《(道)》にて、カワ」ヤマチ《(皮屋町)》のものども《(者)》 わたくし《(私)》しに いふ《(言)》にハ、オマへ《(前)》」ひとり《(二人)》にかゝって、よる《(夜)》もねず《(寝)》又なんぎ《(難儀)》に およぶ〔　〕」によって、かいしん《(改心)》をせろともうし《(申)》ました。これに」わたくし《(私)》こたへ《(答)》て、かいしん《(改心)》する事できません。わたく《(私)》」しもつかれ《(疲)》で《(ママ)》 おれバ さいご《(最後)》が ちかき《(近)》に よつて、」それまでの あいだ《(間)》おせわ《(世話)》 くださ《(下)》れと もうし《(申)》ました。35』その〘ときの《(時)》〙ごやう《(御用)》ハ、にしやくしよ《(西役所)》において ご《(御》」

ブギヤウ《(奉行)》二人(五一)もうし《(申)》ますするにハ、そのはう《(方)》ハせん」ゑもん《(仙右衛門)》と　もうす《(申)》か。イシウしんこう《(異宗信仰)》をするうへ《(上)》は、」このたび《(度)》　高木《(ママ)タカキ》　さくゑもん《(作右衛門)》、たかたにくわんじゆうろ《(高谷官十郎)(ママ)》(五二)、むら」オトナ《(村乙名)》ニおあつけ《(預)(ママ)》ちうに　あいなるに　よつて、ごやう《(御用)》」のとき《(時)》ハ　なんどき《(何時)》もいでよ。かみ《(髪)》をそらず《(剃)》に」つゝしん《(慎)》でおるべしと　もうし《(申)》わたされ」まし〔て〕、じきにごたいくわん《(御代官)(ママ)》のところに」ゆき《(行)》ました。それからおほはと《(大波戸)》よりふね」《(船)》にのり《(乗)》て、〔　〕又うらかみ《(浦上)》のシヤウや《(庄屋)》ニゆき」《(行)》てより、じぎ　わがいへ《(家)》に　かへり《(帰)》ました。36⌙ところが、うらかみ《(浦上)》のキリシタンハ、みな《(皆)》　たの」もしき　こゝろ《(心)》をうしの《(失)》ふて　おり　ました。」ゆへハ、キリシタンノうち《(中)》にすぐれたもの六十」人あまり、かいしん《(改心)》になりて　かへり《(帰)》たに」よつての事なり。又かいしん《(改心)》して　かへりた」《(帰)》ものハ、天主にそむき《(背)》て　かへり《(帰)》たれバ、あいする」《(愛)》もの《(者)》一人もなし。つま《(妻)》も　つま《(妻)》のごとくなし。」こ《(子)》もこ《(子)》のごとくなし。めし《(飯)》をたべろ《(食)》と」いふ《(言)》人もなし。まこと《(真)》にかいしん《(改心)》して　わが」うち《(家)》にか〔入りた〕ものハ、みる《(見)》にも　みられぬ」《(見)》あわれな　ありさま《(有様)》なり。おやく《(役)》

(五一)　能勢大隅守・徳永石見守

(五二)　浦上村山里庄屋

にん《人》37』とカワヤまち《皮屋町》の　ものども《者》　よりハ　きびしく〳〵」せめ《責》にあい、〔　〕つまや《妻》　こども《子供》よりハ」すて《捨》られたるがごとくになりて、みの《身》」おく《置》ところもなくして、ゆか《床》のした《下》　はたけ《畠》」、やま《山》　などに　かくれておりました。これに」よって　みな《皆》かな《悲》〔　〕しんで　たのもしき」こゝろ《心》をうし《失》　のふて　おりました〔　〕ところに、」わたくし《私》が　かへり《帰》ましたれバ、みな《皆》より」あつまり《集》て、オマヘ《前》ハ　どのとふりになりて」かへり《帰》たかと　あまり　たづね《尋》まするによつて、」わたくし《私》ハ　天主の様《ママ》のおかげ、エピスコプ、38』パテル様の、《ママ》オマヘ《前》たちの　オラシヨの　おかげ」をもつて、つとめて　かへり《帰》　ましたともうし《申》」ますれバ、みな《皆》よろこび《喜》ました。又かいしん《改心》」してかへり《帰》た人も　みすて《見捨》ぬよふにせろとはなし《話》」ました。それからたん〴〵ちから《力》を　いれ《入》て、」みな《皆》　かいしん《改心》もどしに（五三）なりました。」それから　あまり　ながくせずして、イワ《岩原郷》」ハラご〔う〕の　しんブギヤウ《新奉行》（五四）より　ないむき《内向》の」ごやう《御用》といふ《言》て、ヤク《役》人三人むかい《迎》に　きまして、」ねんごろにいふ《言》て、つれ《連》てゆく《行》と　もうし《申》まする」ゆへ《故》に、そのヤク《役》

（五三）　一度改宗したことを取り消して、もとの信仰に立ち返ること。

（五四）　河津伊豆守、一八六三年（文久三年）英・仏に三年間派遣された。

人と　ともに《(共)》　イワハラごうの《(岩原郷)》39』　おやくしよブギョウおる《(ママ)(御役所奉行)(の)》　おほひろまに《(大広間)》」よる《(夜)》の十二じ《(時)》すぎに　一人ひそかに　つれ《(連)》られ」てゆき《(行)》ました。そ《(ママ)》とき《(時)(の)》ブキヤウ《(奉行)》ねんごろ」にいふ《(言)》にハ、みな《(皆)》人ハ　おかみ《(上)》のいゝ《(言)》つけにした」がふ《(従)》て　かへり《(帰)》ておるに、その　はう《(方)》ひとり《(二人)》　それに」したがわ《(従)》ずに、おかみ《(上)》〔に〕おてかず《(手数)》を　か〔く〕るに」よつて、《(ママ)》日木《(ママ)》に　よき　しうし《(宗旨)》　あり。ブツモ《(仏)》」あれバ、〔　〕シントウ《(神道)》もあるによつてこの」ゆるし《(許)》のあるしう《(宗)》を　まもる《(守)》べしと」もうさ《(申)》れました。わたくし《(私)》　こたへ《(答)》て」もうし《(申)》まするにハ、天主ハたたち《(?)》　バンもつ《(万物)》なき《(無)》とき《(時)》より40』ありて、よろずもの、みな《(皆)》天主の　おん」つくり〔　〕なされバ、まことの　うやまう《(敬)》べき」あるじ《(主)》で　ござりまする。又カミホトケ《(神仏)》と」いふ《(言)》ハ、われらとひとしき　にんげん《(人間)》」なれバ、これを　をがむ《(拝)》事　かないません。」又これをがみ《(拝)》て、ごしやう《(後生)》の　たすかり《(助)》する事」ハ〔　〕かないません。これに　よつてたゝ《(ママ)》「天主」ばかりにしんじん《(信心)》いたしまする。たとひ」〔　〕ころさ《(殺)》れましても、かみ　ほとけ《(神仏)》ハ」おがみ《(拝)》　ませんと　もうし《(申)》ま志た《(ママ)》。ところが」、ブギ《(奉ヤウ《行)》　もうし《申》まするにハ、そのはう《方》をころす《殺》が41』ためにハ　よばぬ《呼》。たゞ　ひそかに　ないむき《内向》の」　ごよふ《御用》に　よびし《呼》なり。そのキリシタン」しう《宗》ハ　よきし《(宗》うしで　あるけれども、いまだ」　しやうぐん《将軍》より　ゆるし《許》か《ママ》　ない。そのはう《方》」ひとり《二人》。〖おや《親》のゆるさぬ《許》しう《宗》をまもりて《守》〗たすかるより　おや《親》のゆるし《許》の　ある」しう《宗》をまもりて《守》　おれバ、だん〴〵キリ」シタンもゆるし《許》に　なるに　よつて、それ」までの　あいだ《間》　キリシタンのみち《道》をまつすぐに」ゆかず《行》、すこし《少》まわりて　たゞ　こゝろ《心》」の　うち《中》に　しんず《信》〔　〕べしと　ねんごろ」にもう《申》し　ましたに　よつて、わたくし《私》』42これに　こたへて《答》、こゝろ《心》の　うち《中》ばかりで」しんずる《信》事　かないませんと　もうしました《申》。」ところが、又ブキヤウ《奉行》《ママ》もうし《申》　まするにハ、」〔　〕そのはうの　かない《家内》　だけ　かみ《神仏》　ほとけを」をがまぬ《拝》やうに、これにしんじん《信心》せぬやうに、」ゆるして《許》やろ《ママ》《う》と　もうしました《申》。又」これに　こたへて《答》、わたくし《私》ハ　おや《親兄弟》　きやう」だひも　あれバ、ところ《所》もありますれバ、」みな《皆》ゆるし《許》を　うけぬ《受》バ、わたくし《私》ひとり《二人》」さやうに　する事

【おや（ママ）とハてんか様ヲいふ】

〔　〕かないません。〔　　〕」〔　　〕このセズ〻(五五)の　をしへ《教》ハ　よきをし《教》へで43』あれバ、ごぎんみ《御吟味》の　あれバ　あるほど、なほ」まもり《守》たくなり　まするに　よつて、どふぞ　この」しう《宗》を　おんゆるし《御許》　くだされ《下》バ、この　ごおん《御恩》ハ」ながく《永》　わすれ《忘》ますまいと　ねがい《願》　ました。ところ」が、ブギヤウ《奉行》　もう《申》しますにハその　おしへ《教》の　よき」事ハわれも　フランスに　さんねん《三年》をりたによつて」しりて《知》おる《ママ》　けれども、たゞいま《唯今》のじぶん《時分》に」これをゆるす《許》事ハ　かなはぬに　よつて　こん《今日》〚にち〛かへりて《帰》」よくかんがへて《考》　へんじ《返事》を　すべしと」もうし《申》まして、又　そのはう《方》ハ　びやうき《病気》で」あり　ながら、こゝにまいるハごくろ《御苦労(ママ)》とて　かね《金》オミフ《三分(ママ)》44』かみ《紙》につゝみ《包》てやると　するによって、これをじたい《辞退》」いたしましたけれども、ぜひにといふて《言》」わたくし《私》にくれました。」又ブギヤウ《奉行》よりの　つかい《使》の　ヤク人《役》　三人《ニン》」《ママ》つれ、《ママ》。《ママ》わたくし《私》の　いへ《家》に〔　〕そのへんじ《返事》」をきゝ《聞》に　きましたに　よつて、よきやうに」かいしん《改心》する事ハ　かないませんと、へんじ《返事》を」してやりました。45』

（五五）　ポルトガル語、ラテン語のイエズスと同じ。スペイン語ではヘスス。キリシタン時代、ポルトガル語を使用していたその一つの残存型である。

注

※(1)(原本1頁)

1〜2頁の表題には、「仙衛門」とあり「右」がぬけている。3頁には「仙右衛門」となっている。1頁と2頁はのちに書き加えられたものらしく、3頁以下の書体と異なる。

マルナス著『日本キリスト教復活』の原文には「Zenyemon」となっているが、「覚書」見舞状の中に、平仮名で「せんえもん」と書いてあるから(本書一六六頁)、外国の人々の発音の具合いや、また長崎地方の方言の発音の関係で、外国人の耳に「Zenyemon」と聞こえたのかも知れない。

※(2)(原本2頁)

Bernard-Thaddeé Petitjean(ベルナール・タデエ・プチジャン/一八二九〜八四)

一八二九年六月十四日、炭坑の町Blanzy村に船大工の子として生まれた。信仰篤い両親のもとに育くまれ、父親はスペイン戦争に参加した当時の有様を、よくベルナールに話して聞かせた。彼はこの話しを聞きながら宣教師となる望みをもつようになったといわれている。また、もう一つ彼に影響を与えたのは、Blanzyの主任司祭Beraud師であった。ベルナールは死ぬまで自分の召命を呼びさましてくれた人として、彼に対し深い感謝を抱いていた。

一八五二年、神学を終えたが若年のため、一年間オートンの小神学校で教鞭をとった。

一八五三年五月十一日叙階。

一八五九年、ショファイユの幼きイエズス会付司祭であったとき、かねて念願だった外国布教の許可をオートンの司教よりもらい、その許可が取り消されないうちにと夜中に、かの聖パウロのようにそっと修院の窓から出ていった。翌日、プチジャン師の出立を知った幼きイエズス会の姉妹たちの心の痛手は深く、修院内はあたかも喪に服しているようであった。司教は神のお召しにさからうことの非をさとし、姉妹たちを慰めたという。

その年の六月、Rue de Bacの神学校（パリ外国宣教会）に入会、当時三十歳。一八六〇年（万延元年）日本に派遣されるはずの一人の神父がボルドーで急病にかかり、その代わりにプチジャン師が選ばれ、五月ボルドーより出航、十月那覇に上陸。そこにはすでにフォルカード師らがいた。一八六二年横浜に。一八六三年（文久三年）七月長崎に着任した。

当時、フュレ師が大浦天主堂の建築を始めていたので、それに協力しながら、一八六五年から長崎奉行の依頼によって、語学所のフランス語教授となった。同年二月十九日大浦天主堂の献堂式、三月十七日には、かの劇的シーンをくり広げた信徒発見があり、キリシタン復活の端緒となった。フュレ師やロカーニュ師らは、このニュースを外国に大々的に発表することを勧めたが、プチジャン師はこの報によって信徒を不利な立場においやることを懸念して、最小限度に発表をくいとめた。

以来、浦上、外海、港外の島々を始め、五島地方まで続々と信徒が発見され、プチジャン師はその指導に多忙をきわめた。

一八六六年（慶応二年）日本代牧司教に選任され、十月二十一日香港でギュメン司教から祝聖された。長崎着任後、フュレ、ロカーニュ、クザン、アンブルステル、ポアリエの諸師を督励して信徒の指導、日本教会の復活建設に努力した。

一八六七年七月浦上四番崩れが起こり、プチジャン司教の多忙な時代が始まった。九月長崎を出発、フランス・ローマに赴き教皇ピウス九世に謁見し、日本教会の復活と近状を報告、浦上信徒への教皇親書を土産に、ド・ロー神父を伴って一八六八年（明治元年）六月長崎に帰任した。ローマ滞在中、二十六聖人殉教の絵を、その他の画家に描かせ（現在大浦天主堂に所蔵）また日本関係文書を調査して「ドチリナ・キリシタン」などを筆写した。

一八六九年（明治二年）ヴァチカン公会議出席のためローマに滞在中、浦上信徒の総流罪の報に接し、一八七〇年帰日しようとしたができず、この年の十二月にようやく長崎に帰り、信徒の釈放に尽力した。

一八七三年（明治六年）三月十四日大政官達をもって、信徒の釈放の報に接すると直ちに司教は次のようにパリに打電している。「迫害令撤去、囚徒放還、ローマ、外国宣教会、幼きイエズス会通知頼む。宣教師十五名至急入用」。

一八七四年二月二十四日、ロカーニュ師は、プチジャン司教の補佐司教として長崎で祝聖された。信者たちは、長身のプチジャン司教を「太《ふと》かエピスコポスさま」と言い、小柄のロカーニュ司教を「こまかエピスコポスさま」といって慕っていたという。ロカーニュ司教が祝聖されてから、同司教を長崎においてプチジャン司教は横浜に赴いた。

一八七五年（明治八年）には長崎神学校が落成し、東京においてあった学生を呼びもどし、神学生教育の発展をうながした。

プチジャン司教はまたローマに赴き、日本教会の分割を教皇に申請、一八七六年五月二十二日、日本教区の分割は許可され、南韓・北韓両代牧教区になった。プチジャン司教は南韓教区長となり、一八七七年（明治十年）帰任して大阪に司教座を設けた。長崎には、ロカーニュ補佐司教がいた。明治十年、プチジャン司教が帰日したとき、ショファイユの幼きイエズス会修道女四名を伴ってきた。この修道会は、神戸や長崎で養護施設や学校を開設した。

一八七九年（明治十二年）十一月、プチジャン司教は健康を害していたロカーニュ司教を香港のサナトリウムに送り、すぐ司教座を長崎に移し定住した。一八八四年（明治十七年）一月七日逝去。大浦天主堂に葬られた。満五十五歳。

日本司教として十八年、神学校開設。「幼きイエズス会」招聘、プチジャン版宗教書類の刊行など多数の業績を残した。数多くの書簡報告書はパリ外国宣教会本部に保存され、日本教会の復活に関する貴重な資料となっている（参照：『日本キリスト教復活史』および上智大学編『カトリック大辞典』三二一・八四三頁）。

※（3）（原本2頁）　森松次郎

一八二五年（天保六年）、紺かき（染物業）を営んでいた出津の浜の与重とかを夫婦の長男として生まれた。両親は篤信の隠れキリシタンであった。大村領外海から五島へ移住が行われていた頃、彼の家族は有川の鯛の浦に移った。

一八六六年（慶応二年）二月、松次郎は大浦天主堂に行き、三日間教理を熱心に学び、祈りや教理を書き写して信者に配るなど伝導に活躍。その年の十月四日、大浦天主堂で初聖体拝領。

一八六七年二月六日から十七日までクザン師は松次郎の家に隠れ、信者たちに教理を教え、秘跡を授けた。頭ケ島は信仰を守るのに都合がよかったので、松次郎はその年の四月二十日に頭ケ島に移った。

明治元年の五島崩れの時、この頭ケ島も迫害が始まり、まっ先に松次郎は島から追い出された。彼は浦上の高野平に隠れ一年後、プチジャン司教に伴われて香港・マニラに行った。司教はマニラのドミニコ会・フランシスコ会などの修道院でキリシタン版を探しあて、松次郎がそれを写し日本に持って帰った。それはのちに大浦天主堂で出版されることになった。十一月頃、彼は日本に帰国し大浦天主堂に潜伏した。その後、松次郎は大浦南山手二十六番の聖フランシスコ館に住み、そこでプチジャン司教の下で婦女子に勉強を教え、また大浦天主堂で出版するプチジャン版の原稿を書いた。そののち数年間は平戸・生月・黒島の布教に従事した。

松次郎は幼少の頃より独学で勉強し、歌や字も上手に書き、絵もかいた。また、積極的な性質で隣人愛の心が深く、四人の娘は皆修道女として捧げ、いつもロザリオを手から離さなかったといわれている。

熱心な信仰の生涯を送り、一九〇二年（明治三十五年）二月二十六日没、六十八歳（参照：森興重「森松次郎翁小伝」（キリシタン文化研究会会報二―七）三～七頁、片岡弥吉『長崎キリシタン』一〇〇～四頁）。

※（4）（原本3頁）　ドミニゴス

聖ドミニクスに由来する霊名、聖ドミニクスについては『カトリック大辞典』Ⅲ（上智大学編、冨山房、一九五二年）七八二～三頁参照。

ドミニクスの霊名は十六～七世紀のいわゆるキリシタン時代よりしばしば用いられていた。当時は「ドミンゴス」と呼ばれ、「度民胡」などの宛字が用いられることもあった。元和八年（一六二二）文書に「とみんごす」（ローマ・カサナテンセ文書館：4253B）「度民胡」元和三年文書（トレド管区イエズス会文書館：一〇五一～一〇）。

※（5）（原本4頁）　キリシタン

日本のカトリックは、十六～七世紀においてはポルトガル語のChristãoから「吉利支丹」「切支丹」「鬼理志端」などと称せられた。幕末にパリ外国宣教会が再宣教を始めた時、彼らは中国の用語を用い、「天主教会」また「天主公教会」と称した。大正時代にはいってから「カトリック」と称せられるようになったが、昭和十六年に宗教団体法が施行された時には、「日本天主公教団」という表現を用いた。戦後再び「カトリック」と用いている（松田毅一『日本キリスト教史概説』南山大学）。

※（6）（原本4頁）よふ

（一）もちいの敬語「一、天子の用いたもうこと。太平記巻第二、阿新殿事『君ノ御用ニモ立チ　父ノ素志ヲモ達シタラムコソ、忠臣、孝子ノ儀ニテモアランズレ』」

（二）公務の敬語「『御用始』『御用掛』江戸時代捕吏の罪人を召捕る時呼びかくる声に御用だ、神妙にしろなど言いしは、官府の命令の意なり」（『大言海』第二巻、三八七頁）。ここでは、官命によって罪人を捕らえるための呼び出し。

※（7）（原本15頁）ごねんぐ

朝廷、幕府または本家、領家に対して、毎年一回あるいは数回、配下の人民より所有の田畑、屋敷などの賦課として納める租税。多くは米を納めるが、絹布・桑・漆・金銭などを納入することもある。小作料（『言泉』三四八〇頁）。

※（8）（原本20頁）ビシヤモン

毘沙門天の略　梵語Vaisravaha 多聞《たもん》と訳する。その名がでたのは他の三天にまさって、四方に普く聞ゆる故であるという。四天王の一つ、もと暗黒の属性であったが、次第に光明の神となって、仏法守護と福徳施興とをかねるようになった。身には七宝荘厳の甲冑を着け、多くの夜叉、羅刹を支配して北方を守護する。

左手に宝塔を捧げているのは、六道の貧民に財福を与え、右に宝棒をもっているのは、十方の怨敵をくじくという意味である。一名、多聞天ともいう（『言泉』三八五六頁）。

「毘沙門」とあるのは「武者門」を訛ったのではないかと『浦上切支丹史』には書かれている。

※（9）（原本21頁）サンフランセスコザベリヨ

San Francisco Xavier　聖人の名は当時ポルトガル語で「シャヴィエル」と称されたはずであるが、ラテン語では「ザベリヨ」と称す。列聖は一六二二年、聖人の日本渡来は一五四九年（天文十八年）。

※（10）（原本25頁）ヱヒスコホ

司教。キリシタン時代、ポルトガル語ではBispo「びすほ」「ひすほ」（カサナテンセ文書）といった。「ヱピスコポ」はラテン語Episcopusプチジャン司教のこと。

※（11）（原本25頁）長崎のヱビスコホ

ロカーニュ補佐司教を指す。

※（12）（原本27頁）天主堂四けん

「浦上村異宗信仰教候者名前書」によれば、一八六五年から三年間、浦上に四か所の秘密教会が建てられ、宣教師が村人に教理を教え、洗礼を授け、ミサを行っていたと書かれている。四か所の秘密教会は、本原郷平の又市方のうしろ、本原郷字辻の仙右衛門方裏、中野郷笹山裏、家野郷字馬場の市三郎方裏、十二坪から十五坪位の藁ぶき平屋で、部屋の奥に「仏壇」が作られていたという、教会文献によると、平の秘密教会は聖マリア堂、辻が聖ヨゼフ堂、馬場は昔の教会の名をとって聖クララ堂と言い、中野郷は聖フランシスコ・ザビエル堂とよばれた（『浦上四番崩れ』五七頁）。

(2)　ツ*(1)ハ※(1)ノヽ《ママ》」46』

わたくし《私》 ども百〔　〕十四人(一)の もの《者》に、長崎 ふきやう《奉行》《ママ》※(2)より」 きりか《切紙》みを※(3) もって、御よう《用》が ございました」に よりて、ゆき《行》 ました ところが、〔　〕」たび《旅》に ゆき《行》※(4)くにぐ《国々》に 御あつけ《預》に なる と」おほせ《仰》 わた《渡》しあり、じきに だされ《出》 まし〔て〕、」おほぜい《大勢》の へいたい《兵隊》 みぎ《右》 ひだり《左》に とり かこみて、」おほはと《大波戸》 より ふね《船》に のり、じよふきせん《蒸気船》に」のり〔　〕うつり《移》て、ひとばん《一晩》と•まりて、ふね《船》が〔　〕」で《出》まして、しものせき《下関》に〔　〕つき《着》 ました。」このと〔こ〕ろに 六十六人 あがりました。このうち」47』御みづを(二) いまだ うけ《受》ざる人《ママ ひと》 四人に みづを さずけ《授》」ました。それから又、おのみち《尾道》〔　〕と いふ ところに」つき《着》 ました。（こゝにつくまで。天主堂よりパテル様がたが わたくしども」がつみださるゝ。ところを みて おる すがたを見て、」わたくしともも又、おらしよをはじめまして」おのみちに つくまでおらしよいたしました。）

それから 廿八人※(5)やく《役》人 つきそいて、おのみち《尾道》」の てら《寺》に あげらるゝ

(一)　強固な信仰の持主で、浦上信徒の指導者とみなされていた人たち。長崎府側は、これらの人びとを遠ざけたら残りの信徒らの信仰は自然に消滅するだろうと考え、このような処置をとった。明治元年七月萩六十六名、津和野二十八名、福山二十名の三か所へ配流されている。

(二)　十六～七世紀のキリシタン時代には、「ばうちずもを授ける」といった。キリシタン版に「ばうちずもの授けやう」(天理図書館所蔵)ローマ・カサナテンセ図書館Ms. 2131-17文書、元和六年十二月十五日付、ゾーラ宛平左衛

とき、しばる《縛》と　いたし」まするゆへに、わたくしども《私》ハ　しばら《縛》れて　こゝに」きません。又　ベツじやう《別条》あるもので　あり　ません。」と　もうし《申》　ました　ところが、しばら《縛》ずにその」まゝ　あげました。又てら《寺》に　ゆく《行》《ママ》べきもので」あり　ませんと〔　48』〕きらい《嫌》　ました　ところが、やくにん《役人》もうし《申》　まする」にハ、」てら《寺》といふて　てら《寺》でない。その　はう《方》　どもを」おく《置》ためしきりを　たてゝあるともうしました。」その　てら《寺》に　十四五日おかれました。《ママ》「そのうち」ニど《度》しらべ《調》を　うけ《受》　ました。　こゝでハ　たゞ」くちぜめ《口責》のごとく　やくにん《役人》が　たづね《尋》　まするにハ、」きりしたん《キリシタン》といふものハ、なに《何》を　するのか、〔　〕」又日本の　をしへ《教》に　したかふ《従》《ママ》　よふに　する〔か〕と、」いろ〳〵　もう《申》　され　ました。これに　こたへて《答》　もうし《申》」まするにハ、しんかふ《信仰》　するものハ　天地の　あるじ《主》」ごさ〔く〕しや《御作者》　天主でござりまする。又日本　の49』をしへ《教》に　したがふ《従》ほどに　あれバ、こゝまで《津和野》」かやうに〔　〕して　まいり　ませんと　もうし《申》」ました。それ　から　つわの

門など書状に「ばうちすも」しかし「水を授ける」ともいっていた。カサナテンセ図書館Ms. 2131-13文書の「せ須、乃御組のれいから須」に「水を授くへし」潜伏キリシタンの間では、洗礼を授ける時「ヨコテパウチズモー、イーノー、ミネ、パーテル……」（田北耕也著『昭和時代の潜伏キリシタン』四七二頁）と言い、また「お水授け申す……」（同書四七三頁）ともいった。

やく《(役)》人か《(ママ)(ママ)(の)》　つれ《(連)》にきて、」そのやく《(役)》人と　とも《(共)》に　たいせつ《(大切)(ママ)(に)》されて、　つわの《(津和野)》ゝ」じやうか《(城下)》に　つき《(着)》ました。そのじやうか《(城下)》　より」　はなれ《(離)》　ある　ところのてら《(寺)》に　おかれ《(置)》　ました。」その　てら《(寺)》に　やく《(役)》人　かハリ〴〵わたくし《(私)》とともを《(ママ)》」しゆご《(守護)》のため　きました。又しらべ《(調)》をする」やく《(役)》人も　まいじつ《(毎日)》　きまし〔て〕、なんじら《(汝)》の」をしへ《(教)》の　つかさ《(司)》ハ、なんと《(何)》　もうす《(申)》かと　いろ〳〵」たづね《(尋)》まする　ゆへに、その　つかさ《(司)》ハ、ヱヒスコポ50」つぎ《(次)》にハ　パテルともうし《(申)》まする。この　をしへ《(教)》ハ」けつして《(決)》　あしき《(悪)》をしへ《(教)》で　ありません。」よきをしへ《(教)》で　ありまする。三百ねんまへ《(年前)》」サンフランセスコ　サベリヨ　はじ《(初)》めて日本に　この」をしへ《(教)》を　ひろめ、およそ日本　ハがふ《(合通)》　どふり」(三)ひろまり　ましたれども、タイコウ《(太閤)》(四)〔　〕より」ごはつと《(御法度)》(五)に　なりまして、今《(ママ)イマ》日本ニおいて」ごはつと《(御法度)》といふ事ハしり《(知)》まする　けれども、三百」ねん《(年)》このかた《(方)》　き《(キ》りしたん《リシタン)》のをしへ《(教)》のわるい《(悪)》」といふ事を　きゝ《(聞)》ません。天し《(ママ)テン(子)》様がたにわるい《(悪)》」事をしたといふ　ためし《(例)》も　きゝ《(聞)》ません。51」たゞ　天地御主をしんかう《(信仰)》　いたし

(三)
　関白秀吉が宣教師追放令を発した一五八七年には、イエズス会の日本伝道は尾張美濃までしかおよんでいなかった。一六一四年に京坂のキリシタンが津軽に流され、その後、蝦夷の伝道が行われたのである。

(四)
　秀吉は、一五八五年八月関白となり一五九二年太閤となる。

(五)
　秀吉は一五八七年に宣教師追放令を出し、高山右近などの大名に信仰を禁じ、一五九七年には信徒を含めた二十六聖人を処刑したが、全般的禁教令は出さずに他界した。キリシタン宗門が公に禁ぜられたのは一六一二年九月で、「伴天連門御禁也」の幕府最初の禁令が発布され、一

ますする。」この　ばんもつ《万物》　おん《御》おや《親》　天主に　御はうこう《奉公(ママ)》す《(る)》」みち《道》で　ござ
り　ますする　ゆへに、せんぞ《先祖》よりも」い〻　つたへ《伝》られて、これを　だい〴〵《代々》
しんかう《信仰》」いたしますする。又その　うへ《上》、いま《今》　あたらしき」おしへ《教》　き〻《聞》　ま
して、なを　こ《こ》　ろハ　じやうぶ《丈夫》」に　なりて　おり　ますする　ゆへに、これを
やむる」やうに　あれバ、こ〻まで　きませずに、長崎において」長崎の　御
だいくわん《代官》に　したがへ《従》バ、〔　〕ぢきに」かとく《家督》も　のぞみ《望》の　ま〻に
あたへ《与》られて　をる」ので　ございますする。けれども　おわり《終》』52　なき　てん《天》の
たのしみ《楽》　を　もとむる《求》ために、」いかなる　せめ《責》に　おふても、かいしん《改心》
〔　〕」する事が、かない　ません　ゆへに、こ〻に　かふして」きた　もので
ありますれバ、このうへ《上》　どのような」事が　あり　ましても、かいしん《改心》すると
いふ事ハ」できませんと　もうし《申》ました。　ところが　はじめ《初》の」ほど《程》ハ　あま
り　せめく《責苦》　ありません。」けれども　あまり《余》　ながく《長》　くらさ《暮》ずして、」この
クワウレンジ《光淋寺》（六）ト　いふ　つわの《津和野》〻　てら《寺》に　おかれ《置》」たる廿八人の　うち、六

六一四年二月に大禁教令が出た。なかんずくカトリック教会は、邪教であり、政治的野心があると述べられている。

（六）　津和野町にほど近い乙女峠の中腹にある平坦地にあった。

人ばかりの　もの《(者)》ハ」こゝろ《(心)》が　かわりて《(変)》、かいしん《(改心)》〔して〕はやく《(早)》53』わが《(?)》と
ころにかへり《(帰)》　たい　こゝろ《(心)》に　なりて、」その事を　やくにん《(役人)》に　しらせ《(知)》かし《(ママ)》
て、」この　六人の　もの《(者)》を　あまでら《(尼寺)》に（七）　うつし《(移)》」ました。これらにいろ〳〵
ぜんちよ（八）の　しわざ《(仕業)》を」させたと　いふこと、」
やくにん《(役人)》ハ　この　よわみ《(弱)》を　みて《(見)》、のこり《(残)》の」もの《(者)》を　この六人の　ごとく
させんが　ために」きびしく　なり　ました。これが　きびしく」なるの　は《(初)》
じめなり」

　このこれから　ごぎんみ《(御吟味)》が　きびしくなり、」たべもの《(食物)》を　すこし《(少)》づゝ　た《(食)》
べさせて、ひだるかやうに（九）54』して、くちぜめ《(口責)》をもって〔　〕ごよふ《(御用)》　ぎんみ《(吟味)》を
する」やく《(役)》人いふにハ、たとへバ　むぎ《(麦)》　ばかりを　た《(食)》へ《(ママ)》て、むぎ《(麦)》」の　あじ《(味)》
わい《(合)》を　しり《(知)》て、よきこめ《(米)》の　あじ《(味合)》」わいを　しら《(知)》ざる　ごとく、きりしたん《(キリシタン)》の
をしへ《(教)》」より、ぶつどふ《(佛道)》　しんとう《(神道)》　を《(の)》しへ《(教)》の　あじわい《(味合)》を」しら《(知)》　ざるに
よって、そのはう《(方)》　ども　いま《(今)》の」とふり　す。」

この光淋寺跡はのち教会の手に入り、昭和二十三年津和野教会元主任岡崎祐次郎神父は三間に二間のマリア堂を建立、同二十六年五月マリア堂の献堂式が挙行された。以来、毎年五月三日に三十六名の殉教者および配流キリシタンをしのんで「乙女峠まつり」が行われている。『浦上切支丹史』には「光琳寺」、『浦上四番崩れ』と『守山甚三郎の覚え書』には「光淋寺」となっている。

（七）　津和野の城下にある法真庵

（八）　Gentio　ポルトガル語、異教徒。戦前まで長崎地方ではこのことばを使用していた。

（九）　空腹のこと。○ひだるい…肥後菊地郡、栃木、群馬、埼玉、伊豆大島、静岡、山梨、三河、長野上田、岐阜、北陸

又みかん《蜜柑》のき《木》にかき《柿》のみ《実》が　ならず、さすれバ」日本の　てんし様《天子》ハ
みかん《蜜柑》の　き《木》なり。なんぢ《汝》」その　えだは《枝葉》　なれバ、てんしさま《天子様》のきそく《規則》　に
したがい《従》、その　をしへ《教》を　又よく　まもる《守》べし。55』人ハ　おや《親》　なくして　で
けず(十)。又　おや《親》ハ」こども《子供》を　よくやしない《養》　よくそだてる《育》に、ことも《子供》《ママ》ハ」
たびの《旅》人に　したがい《従》、たびの《旅》　をしへ《教》を　まもりて《守》」〔その〕おや《親》に　した《従》
がは　ざれバ　いかゞ　あるか。それハ」まことか。いま《今》　なんじ《汝》らハ　わ
が　おや《親》の　てんし様《天子》に」したが《従》　わずに、いこく《異国》の　をしへ《教》を　しんじ《信》」
いこく《異国》の人に　したがう《従》ハ　なんぞや。」あまり《余》　わがまゝ　むはう《無法》の　し《仕》
わざ《業》　なれ《ママ》「バ、」これを　よく　かんべん《勘弁》して」めう　にち《明日》　へんとう《返答》」せよ。
めうにち《明日》　まで　これを　あづけ《預》　おくと《置》」いわれ　ました。56』
又めうにちに《明日》　なれバ、へんじ《返事》を　せねバ　しかられる《叱》。」これに　こたへて《答》
もうしまするに《申》ハ、これハ　いこく《異国》の人に」したがう《従》　ことで　ありません。又
いこくの《異国》　人の　ための」しんじ《信》　ません。〔　〕いこく《異国》の　ためにも　日本

地方など。○ひだるか…福岡、佐賀、熊本、鹿児島（東条操編『全国方言辞典』、東京堂、六八五頁、W・A・グロータース師の御教示による）

（十）　できない、こゝでは生まれないの意。

の」ためにも、たゞ　せかい《(世界中)(ママ)》　ちうの　御主を　うやまい《(敬)》　まする。」この　御主〔ハ〕いづれの　くに《(国)》も　はからい　まする　ユへに、」わたくし《(私)》どもハたぶる《(食)》　とき《(時)》も　天主に　おんれい《(御礼)》を」もうし《(申)》　まする。又てんし様《(天子)》の　こともわきまへ」ますると　もうし《(申)》　ました　ところが、やく人《(役)》　こたへて《(答)》」いふにハ、さすれバ　そのなんぢら《(汝)》の　天主が　なんぢら《(汝)》に」たべもの《(食物)》でも　なんでも《(何)》　かでもじきに　あたへる《(与)》。57』じやから、なんでも《(何)》　ねがう《(願)》な。又　たべもの《(食)》が」たらぬなどと　もうす《(申)》事ハ　ないじやろと　いゝま」したに　よって、わたくし《(私)》どもこたへ《(答)》まするにハ、私共《ワタクシトモ(ママ)》ハ」さよふに〔　〕ちから《(力)》　ある　もので　ありません」ゆへに、こゝに　かふして　きて　をり　まする。」又天主の　御はからいで　てんし様《(天子)》より　たへもの《(食物)(ママ)》を」あたへ《(与)》　られねバ　たべ《(食)》すに　をりまする。」又ぶつや《(佛)》　しんとふ《(神道)》ハ　まことの　をしへ《(教)》でハあり」ません　ゆへに、このをしへ《(教)》を　もって　たすかる《(助)》事ハ」でき　ません△《(ママ)》。〔　　〕」〔　　58』〕△《(ママ)》この　ぶつや《(佛)》　しんとふ《(神道)》の　をしへ《(教)》を

もって」たすかる《救》 やうに ありますれバ、キリシタンを」まもりて《守》 御きん《禁》を
うけて《受》 わがところを」すて、《捨》おや《親》をすて《捨》又つまこ《妻子》も すて《捨》ゝ、」こゝに かふ
して まいり ません ゆへに、わた《私》」くしどもハ かいしん《改心》するといふ事ハ
できません。」又 たゞいま《唯今》の とふり《通》 たべもの《食物》も たべ《食》ませずに、」いき《生》もゑ
ねバ しに《死》もゑぬやうに せずとも、《ママ》き《キリシタン》」りしたんを まもり《守》て 日本の
こくはう《国法》を」やぶる《破》と おもい《思》 なさるならば、その ばつ《罰》 あらハし」て、
ころす《殺》なりとも これに あたる ばつ《罰》をあたへ《与》て59」よふござり ませふと
おもい《思》 まする。いま《今》の」とふり《通》にして だん〳〵ニし《死》なかす事 ハ、〔 〕
かくし《隠》ころし《殺》で ござる。これハ 日本の」てんし《天子》様〔 〕だけ いきほい《勢》が
ありません。」かよふにする事ハ わたくし《私》どもハ すき ませんと」もうし《申》
ました。ところが」やくにん《役人》 しかり《叱》 まして、《ママ》ひと《人》を」ばか《馬鹿》にすな。いゝた
きまゝにむはう《無法》の」事 ばかり もうす《申》としかられ《叱》ました。60」それから又チョ《長》
シウ《州》の おのせきさい《小野石斎》（十一）といふ人これら」三人と、又ツワノ《津和野》、ぎんみ《吟味》（十二）やく《役》人

（十一） 山口県文書によると、切支丹教諭係をしていたとなっている。そして辰五月から（明治元年五月から）津和野に出張したことがわかる（片岡弥吉教授の御教示による）

（十二） 御預異宗教、御用掛統括兼説得方

ちば《千葉》(ママ)(十三)、さいき《佐伯》(十四)、」かなもり《金森》(ママ)(十五)　これらみな《皆》　まじりて、ごよふ《御用》にいでまし」と《時》き、おのせきさい《小野石斎》(ママ)　もうし《申》ますするにハ、わたくし《私》に」十ヶデウ《条》の御おきて《掟》〔を〕いへと　もうし《申》ましたによって、」十ヶデウ《条》を　とき《説》　ました。とき《説》(ママ)ますとき《時》よき」よふに　とき《説》　きかする《聞》事　かなハされバ、おのせきさい《小野石斎》(ママ)」あざけりて、そのくらいな事でハ　天主ニみ《身》をさゝぐる《捧》」といふだけハ　ないといふて、ア(ママ)フラハム、イザアクなどの」事をよくときて《説》　又いうにハ、チヨシウ《長州》〔に〕きて」おる　六十六人の　もの《者》ハ　かいしん《改心》に　なりたに』61よって、なんぢ《汝》のともだち《友達》　どもにも　もうし《申》」つくるに　よって、なんぢ《汝》もいふて、とくとそうだん《相談》」して　めうにち《明日》　へんとう《返答》せよと　もうし《申》」ましたによって、これにこたへて《答》　わたくし《私》」わきにゆき《行》ました　人の事ハ　かまいません。又」わたく《私》しハ　ともだち《友達》と　そうだん《相談》　する事も」できません。ごよう《御用》ハ　あなた《な》(ママ)がかってに《勝手》」よふござりまする。わたくし《私》しハ　わたくし《私》しだけの」事で　ござるともうし《申》　ました。ところが〔　　〕」やく人《役》ども　しかり《叱》　ましたに　よって、

(十三)　千葉常善、津和野藩士
(十四)　佐伯栞、説得方、神官
(十五)　金森一峰、津和野藩士

わたくし《私》」もうし《申》　ますするにハ、わが長崎ニおゐて　いくつ62』ところのやくしよ《役所》にも　しらべ《調》を　うけ《受》、又トサ《土佐》のさんばう《参謀方》」かた、サツマ《薩摩》ノさんばう《参謀方》かた、チヨシウ《長州》のさんばう《参謀方》　かたより」御ぎんみ《吟味》を　うけ《受》ても、かいしん《改心》せずに　おりますれバ」とてもこゝまで　きてからハ　かいしん《改心》すると」いふ事ハ　できませんと　いゝました。ところが、おのせきさい《小野石斎》」いかり《怒》て　このもの《者》を　いつしよに《一緒》　おく《置》事ハ　かなわぬと」いうて、わたくし《私》と　ク〔マ〕キチ《熊吉》　ワサブロ《和三郎》《ママ》　三人　ベツに《別》」おかれ《置》ました。又おのせきさい《小野石斎》ハ　それからくに《国》ゝ」かへり《帰》ました。」それから　たべもの《食物》ハ　ごくすく《少》のうして、わたくし《私》」ども三人を　アマでら《尼寺》に　おき《置》ました。63』その　あまでら《尼寺》ハ　かいしん《改心》いたし　ましたもの《者》〔に〕、シン《神道》」トウのこうしやく《講釈》　するよふにして、ダイジングフ《大神宮》ヲ　かざり《飾》」て　おり《置》ました。又　かいしん《改心》の　うちの　ぶしんじん《無信心》」なもの《者》　一人　をゑらび《選》て、もんばん《門番》の　やく《役》人に　たゝ《て》《ママ》て」おりました。わたくし《私》どもハ　三まいじき《枚敷》　ばかり」のところに、三人《三十日ばかり》おかれ《置》て、又　もとの　ところにかへされ《(帰)》」まし〔て〕、その　かハり《(代)》に又三四人　はがり《(ばか)(ママ)》　アマでら《(尼寺)》に
おかれ《(置)》」ました。かよう　する事ハ　かいしん《(改心)》〔した〕もの《(者)》にハよきたい《(ママ)》」ぐ《(待》
わ《遇)》をさせ、かいしん《(改心)》　せぬものにハ、さむさ《(寒)》と　うへとを《(飢)(ママ)》」もって　せめて《(責)》、か《(改》
いしん《心)》　したものゝ　ゑいくわ《(栄華)(ママ)》を　みせて《(見)》、」かいしん《(改心)》　せぬものに　かいしん《(改心)》
させる　ため《(の)》はからいなり。64』さように　さむさ《(寒)》とうへ《(飢)》とをもって　せめら《(責)》
るゝ」れバ、わたくしどもも《(私)》　三人ともに　びやうき《(病気)》に　なり」ました。このう
ち　ワ《(和三郎)(十六)》〔サ〕ブロと　いふ人《(ママ)ヒト》〔の　〕びやうきが《(病気)》」〔　〕たんく《(ママ)》　おもく《(重)》
なって、し《(死)》〔に〕ました。」又そのころ《(頃)》安太郎《ヤスタロ(十七)》といふもの《(者)》も　おもい《(重)》　びやう《(病》
きで《気)》」あり　ました。あわれなるかな、この人　よる《(夜)》の　じふん《(時分)》」かい　ほふ人《(介抱)》
も　なく、又きびしく　さむさ《(寒)》にひとへもの《(単衣物)》をいちまい《(一枚)》　きて《(着)》　たゞひとり《(一人)》　こ
まい　へや《(部屋)》に　ねて　おり」ました。この　とき《(時)》　このびやう人《(病)》〔　〕うへ《(上)》に、
きれい」な　をんな《(女)》〔　〕が　おるを　みました《(見)》。又〔　〕をんなの《(女)》」こへ《(声)》を
もつて、びよう人と《(病)(ママ)ニン》65』ともに《(共)》はなし《(話)》　ましたと。又かように　ある事三日」の

（十六）
一八六八年（明治元年）十月九日、二十七歳、アントニオ・マリア、浦上村山里家野郷字大橋（長崎市大橋町）のひと（パチェコ・ディエゴ著『守山甚三郎の覚え書』、二十六聖人資料館、昭和三十九年、五七頁）

（十七）
明治二年正月二十日、三十二歳、ヨハネバプチスタ、家野郷阿蘇村のひと（『守山甚三郎の覚え書』）。信仰の厚い徳の高い人で牢獄にあっても、つらい仕事は率先して行い、わずかの食も人にゆずるようにしていたといわれている。明治二十五年、ビリオン神父は、殉教者の骨が埋もった津和野の薫坂を買い取り同年八月合葬墓を作った、石碑には「為義而被害者乃真福」即ち「さいわいなるかな義のために迫害を受ける人」と書かれている。

あいだ《間》と この びやう《病》人が わたくし《私》にはなし《話》」ました。又 わたくし《私》がよる《夜》の じぶん《時分》に まど《窓》の」しょうじ《障子》に、ひかり《光》と かげ《影》と うつりたのをみ《見》ました」事と あいまする。」又この じぶん《時分》に、かいしん《改心》せぬ もの《者》ハ みころ《殺》さるゝ」といふ ひよう《評(ママ)》ばん《判(ママ)》が ござり ました。又 ろや《牢屋(ママ)》の」きんべん《近辺》にあな《穴》を ほり《掘》たり などして、ころす《殺》」もよふ《模様》が あり ました。かいしん《改心》になりたる人ハ」わかれ《別》に きたり いたいし《ママ》 ました。」さよふにして ひ《日》をくらす うちに、もと』66 つわの《津和野》ゝ さむらい《侍》 ふくば《福羽》(十八)といふ人が とうけう《東京》より」つわの《津和野》に きました。この人が きりしたん《キリシタン》の もの《者》を」み《見》たいと いふて。よび《ママ》《呼》ました ゆへに、その へや《部屋》のもの《者》」みな《皆》ゆき《行》 ましたところが、いろ〳〵ごちそふ《御馳走》して」おりました。このふくば《福羽》といふ人 きりしたん《キリシタン》のことについて、」ねんごろにたづね《尋》て き《聞》ゝました ゆへに、天主さまの事を」はなし《話》ました。(「コノふくば《ママ》トイフ人ハ、ソノジブン日本ノクニヲ四人ニテ」ハカラウ ソノ一人ナリ。ホカノ三人ハ「キリシタン天シ様ノキソクニソム」クニヨリテミナコロスガ ヨカロト マヲシマシタ。ケレドモ、コノふくば」トイフ 一人ハ コロシタ人ヲ イカス事ハ テギ《ママ》マセン ユヘニ イカシテオソカ」ヨカロ、コロス トキハ イツデモ コロサルゝト イフタ 人ナリ。」) このふくば《福羽》とい

(十八) 福羽美静、津和野随一の国学者で国粋主義の第一人者、明治元年徴士として江戸に召され神祇判官となる。維新の大部分の要人たちがキリシタンを神州全国の大愚とみなし、厳重処分を説いたなかで福羽は「先ず皇国の大道を取り立てて愚夫愚婦らに、我が国法の有難さを感謝するようにしむくべきである」という説諭改宗論を唱えたことは注目にあたいする(片岡弥吉著『浦上四番崩れ』)

ふ人は　とうきょう《(ママ)(東京)》に」かへり《(帰)》　ました。又たび〳〵　かね《(金)》を　わたくし《(私)》ども
に」くれました67』あとハ　又　ちば《(千葉)》といふ人が　まいにち《(毎日)》〳〵　ごよふぎんみ《(御用吟味)》
」を　いたし　まして《(ママ)テ》　もうし《(申)》　まするにハ、なんぢら《(汝)》」に　なに《(何)》を　なにほど《(何程)》
いふても　いっこう　め《(目)》が　さめぬ《(覚)》と」もうし《(申)》　ますゆへ　これに　こたへ《(答)》て
もうし《(申)》　ますにハ、」あなたがたハ　ブツヤ《(佛)》　シントウ《(神道)》ヲ　しんじ《(信)》　ましても、
それで」たすかる《(救)》と　いふ事ハ　ありません。ゆへハ　天地ノあるじ《(主)》で」あり
ません。又あなたがたを　みれ《(見)》ハ《(ママ)》　日ヲ　をがみ《(拝)》、」かよふな　ものを　をがみ《(拝)》
て　天地ノ　あるじ《(主)》を　をがむ《(拝)》　事を」せむる《(責)》ハ、いちばん《(二番)》　あぶない《(危)》事で　ご
ざり　ます　よって、」あなたがたの《(ママ)》　はやく《(早)》　天主を　をがむ《(拝)》やうになる　よ
ふうに、」あなたの　ために　わたくし《(私)》どもハ　ねかい《(願)》　おりまする。68』又ひと《(一)》
つ　ねがい《(願)》　あり　まする。かよふにして　おり」ましても　だん〴〵　人ハ
しに《(死)》まする。どふぞ長崎《(ママ)ナガサキ》に　ひき」くだして、ごけいほふ《(御刑法)》に　おこない《(行)》　くださ
れ。〔　〕」〔　　　〕さよふに　しても、きりしたん《(キリシタン)》が多く」なるか　又

すくなく《少》 なるか わかり ませんと もうし《申》」ました ところが、その ころ《殺》す ころさん《殺》ハ、こちら《ママ》」の はからい、なんぞ《何》 なんぢら《汝》の ぶん《分》で ないと」しかられ《叱》ました。」又それから 七日か《ママ》 ばかり ねつ びよふ《熱病》を して」おり ました とき《時》、ごよふ《御用》と いうて きました」によって、わたくし《私》 もう《申》しまするにハ、ひよう《ママ》き69』ちう《病気中》で ござり まする。これ まで ごよふ《御用》の とき《時》、ひと」たび《二度》も ふそく《不足》 した事 ありません。よつて、なをり」ますれバじきに〔 〕まいり《参》 まする。それまで ことわり《断》」ますると もうし《申》 ました。ところが、あゆむ《歩》事 かなわねバ、」になはれて《荷》 なり とも、からわれて（十九） なり とも、こん」にち《今日》 ぜひとも《是非共》 ごよふ《御用》に でよ《出》と、二三ど《度》も よび《呼》にきたゆへに、」そろ〳〵ひとり《二人》ゆき《行》 ました。ところが、ちば《千葉》といふ〔 〕」やくにん《役人》もうし《申》 まするにハ、せんゑもん《仙右衛門》 そのはう《方》」びよふき《病気》であるかと もう《申》しました。こたへて《答》 さよふ」でござり まする。びよふき《病気》ゆへに ことわり《断》まして」も御きゝいれなきゆへ まいり《参》ましたと もうし《申》ました70』ところが、

（十九）
○からう・負う、背負う、九州（筑紫方面）、長崎、佐賀、熊本。○かるう・負う、九州（『日葡辞典』）、長崎又四国（『物類称呼』）、石見、安芸、山口、愛媛、高知。○かろう・背負う、福岡県三池郡、長崎県千ケ石、熊本県下益城郡、薩摩南部（東条操編『全国方言辞典』、W・A・グロータース師の御教示による）

かんへん《(勘弁)(ママ)》(二〇)ハ　つかぬかと　もうし《(申)》ましたによりて、」わたくし《(私)》　かんべん《(勘弁)》と　い
ふ事ハ　できませんと　もうし《(申)》ました」ところが、これほどまで　もうし《(申)》　きか《(聞)》
せても、又どんな」ひだるさに　あふても、かんべん《(勘弁)》　つかぬと　いふ。それで
は」はだか《(裸)》になれ。その　きもの《(着物)》ハ　日本の　ち《(地)》に　できた　もので」あると
まをし　ました。わたくし《(私)》　こたへて《(答)》、これハ」わたくし《(私)》のくに《(国)》より　わが　こ
しらへて　きて《(着)》きた〔　〕」きもの《(着物)》で　ござる　ゆへに、ぬぎて《(脱)》　はたか《(裸)(ママ)》に　な
りません。」長崎ニおいてハ　どのよふな　とがにん《(科人)》で　ありても、びよふき《(病気)》」
の　とき《(時)》ハ　ぜんくわい《(全　快)》させて　ごよふぎんみ《(御用吟味)》を　いたしまするに、」いま《(今)》わた《(私)》
くしびよふき《(病気)》で〔ござりまする〕ゆへに、ことわり《(断)》』ましても　きゝいれも　な
く、ごぎんみ《(御吟味)》　ごよふをいたし」まする。又このきもの《(着物)(ママ)キ》71ハ　わが　こしらへて
てきて《(着)》きました」きもの《(着物)キ(ママ)》で　あれバ、わたくし《(私)》ハ　ぬぎ《(脱)》　ませんともうし《(申)》」まし
た。ところが、又やく人《(役)》もうし《(申)》まするにハ、はたかにな《(裸)(ママ)》〔りて〕」〔　〕いけ《(池)》
に　いれと《(入)(ママ)》　もうし《(申)》ました。十一月ジブンデ、ユキノフルジブンナリ。」又こたへて《(答)》、わたくし《(私)》ハ

(二〇)　あやまちなどを許すこと。ここでは役人のいうことに従うことでキリシタンの教えを捨てること。

みづから《自》 はだかにも《裸》 なり ません。」又みづから《自》いけ《池》(二一)にも いり《入》ません。たとへ ひにや《火》 かるゝ《焼》とも」はりつけに あふも、いけ《池》にいり《入》て みづ《水》に しぬ《死》るも、」おなじ《同》 しぬる《死》いのち《命》であれバ、〔 〕みづから《自》 いけ《池》にはいり《入》」ません。それハ ごかって《御勝手》に なされともうし《申》 ました。」ところが じぶん《自分》で いけ《池》にいら《入》ぬと いふに よって、72』はたか《裸》《ママ》に なして いけ《池》の なか《中》に つきこめ《突込》と、した《下》の」やくにん《役人》に いゝつけて、はたか《裸》《ママ》に され、いけ《池》のなか《中》に」〔つきこま《突込》れ〕ました とき《時》、さむさ《寒》ハ からた《体》 ぢう《中》 を」はり《針》で さす《刺》がごとく ござり ました。その とき《時》 おら《オラ》」しよ《ショ》を こへ《声》いっぱいに おめいて、もうし《申》ました ところが、」や〔く〕《役》人 はら《腹》を たて《立》ゝ、又そのうへ《上》 しはう《四方》より□」みづ《水》を くりかけられました。このとき《時》 やく《役》人〔ど〕も」こふして おいても しぬ《死》る。又 あげ《上》ても しぬ《死》るに」よって、はやく《早》 あげ《上》よといふて、いけ《池》から あげ《上》」られて、又もとのせめ《責》 ばしょ《場所》に すへ《据》られて、これで」もかんべん《勘弁》ハ□つ《つ》かぬかと もうされ《申》 ました。。《ママ》 このとき《時》73』 わたくし《私》 こたへ《答》ます

(二一)『日本キリスト教復活史』二八二頁によれば、牢獄から数歩のところにあり、横十二フィート・縦八十フィートの大きさの池とある。大正十一年三月ビリオン神父は土地の信者の協力をえて、この池のほとりに「信仰の光、一八七〇年」と刻んだ石碑を建立、津和野教会主任岡崎祐次郎神父は、田圃となっていた池の跡を復元。現在水をたたえたこの池は、受難者の信仰をしのばせている。

るにハ、こうなりてからハ　とても」かんべん《(勘弁)》といふ事　ありませんといふて、あと《(後)》のことバ《(言葉)》こゞへて《(凍)》　ふるい」ますれ〔バ〕、いわれません。又　このあ《(有)》りさま《(様)》を　おなじ《(同)》」ろや《(牢屋)(ママ)》に　おるもの《(者)》に　みせ《(見)》て、なんぢ《(汝)》らハ　かんべん《(勘弁)》せねバ」せんゑもん《(仙右衛門)》の　とふり《(通)》に　するぞと、やく《(役)》人　もうし《(申)》」ました。みな《(皆)》こたへ《(答)》て、そのとふり《(通)》に　されても」くるしかり　ませんと　こたへ《(答)》ました　ところが、」又　じんざぶろ《(甚三郎)(一二)》と　いふ人　いけ《(池)》に　いれ《(入)》られました。」そのあいだ《(間)》い《(?)(ママ)》わたくし《(私)》　ごきんみ《(御吟味)(ママ)》を　うけ《(受)》ました。」このじんざぶろ《(甚三郎)》　いけ《(池)》より　あげ《(上)》られたとき《(時)》、」たきび《(焚火)》をして　あたゝめ《(暖)》　られました。**74**』すこし《(少)》　あたゝまり《(暖)》て　から、ともだち《(友達)》どもが　きもの《(着物)》」を　きせ《(着)》て　かいり《(帰)》　ましても、しばらくの　あい《(間)》だ」ふるい　ました。は《(歯)》もぬくるが　ごとく　ござり　ました。」けれども　二三日　くらし《(暮)》　ました　ところが、もとの」ねつ《(熱)》　びよふ《(病)》まで　なをり　ました。」又　その　のち《(後)》　じんざぶろ《(甚三郎)》の　おや《(親)》　くにたろ《(国太郎)》と　いふ人が、」その　いけ《(池)(ママ)ぃ》に　いれ《(入)》られました。そのつぎ《(次)》に　どい《(土井)》の」ともはち《(友八)》と　いふ人が　い《(池)》

（一二）　守山甚三郎（一八四八～一九三二）、中野郷中野の人、大浦天主堂で伝道士となるため熱心に教理を学び、津和野配流の苦難の中で仙右衛門とともに、他の信者のよりどころとなって彼らをたすけ励ました。彼も三尺牢の責めや、氷責めなどにあったが、最後まで屈せずがんばった。父国太郎と弟祐次郎が相次いでこの流滴の地で殉教した。甚三郎は牢屋生活の時折り、あるいは帰郷後、津和野で死亡した信者の名前や出身地を書き、老後、長崎・津和野の迫害生活を書いた。この貴重な二つの記録は現在、長崎二十六聖人の資料館に保存されている（『守山甚三郎の覚え書』二一～二三頁）

けに　いれられ　ました。それ」から　まつごろ《(松五郎)》と　いふ人ハ、いけいり《(池入)》の
かはり《(代)》に、ほか《(他)》の」ろや《(牢屋)(ママ)》に　やられました　とき《(時)》、三日のあいだ《(間)》　たべず《(食)》に」お
りました。(ママ)ゴゼンハカウリテ、タベラレヌホドニアリマシタ(ママ)　やく《(役)》人　これに　おそれて、75』又ひとつ《(一)》
ろや《(牢屋)(ママ)》に　おき《(置)》　ました。」それから　又人々が　あまり《(余)》いたみ《(痛)》まする　ゆへに、」
フトン《(蒲団)》。《(ママ)》『の事』、コメ《(米)》ニミヅ《(水)》をあまり《(余)》くわ《(加)》ゆる事、〔　〕クスリ《(薬)》などの事に」つ
いて、〔　〕はじまり《(初)》の　ごとく　して　くだ《(下)》」さるよふに、七ツの事を
ねがい《(願)》に　やくにん《(役人)》の　まへ《(前)》に」ゆき《(行)》まして、コメ《(米)》ニ　ミヅ《(水)》を　くわへ《(加)》て　コメ《(米)》
を　ふへかすハ、」この　くに《(国)》　のきそく《(規則)》かと　もうし《(申)》　ました。ところが」こ
のやくにん《(役　人)》　なかく〵のはら《(腹)》を　たて《(立)》、すでに」うち《(打)》かゝらんと　いたしまし
た。それから　わたくし《(私)》〔ハ〕、」このやくにん《(役人)》からいこん《(遺恨)》に　おも《(思)》『われ』まし
た。。《(ママ)》又やく《(役)》人ハ、」あと《(後)》よりうらかみ《(浦上)》のきりしたん《(キリシタン)》が　たくさん《(沢山)》くると〔
76』〕しり《(知)》、又一ツハかいしん《(改心)》　いたしました　もの《(者)》を、」かい志ん《(改心)(ママ)》　せぬもの《(者)》ゝ
きんぺん《(近辺)》に　おい《(置)》てハ、かいしん《(改心)》」せぬものをたすくる《(救)》といふ事で　十四五

り《(里)》　はなれた《(離)》」ところに、かいしん《(改心)》に　なりたもの《(者)》が　ゆ〔く〕《(行)》よふに」なりました。この　うち《(中)》に、さんするもの《(?)》　きちかい《(気違)》」になりしたるもの《(者)》　あるゆへに、いま《(今)》　ちかき《(近)》　ところに」おる　うち《(中)》に、かれこれ　き《(気)》を　つくるが　ためにこのあま《(尼)》」でら《(寺)》に　ひそかに　ゆき《(行)》て　おり　ました。ところを、」〔　　〕や《(役)》く人　これを　しり《(知)》て、せんゑもん《(仙右衛門)》」にげ《(逃)》たかと　いふて、かみ《(髪)》を〔　〕つかんで　つれ《(連)》」られて　ゆき《(行)》ましたゆへに、その　どふり《(道理)》を』[77]いゝ　わくるとしましたところが、うちころして《(打殺)》」もかもわんといふ　いき《(勢)》　おいを　もつて、なが《(長)》き」くわ《(鍬)》のゑ《(柄)》にて、あたま《(頭)》を　ふたうち《(二打)》、又〔せなか《(背中)》〕を　ふたうち《(二打)》」うたれた　とき《(時)》、『とちに《(土地)》』たふれました。あたま《(頭)》より　ち《(血)》が　ふき」いで　ました。このとき《(時)》、おなじ《(同)》ろや《(牢屋)(ママ)》に　をるもの《(者)》」より　かゝへられて　かへり《(帰)》　ました。』[78]

一九六四年十二月補修

熊本市西外坪井町壱番地

表具師　塩津誠一郎

注

※（1）（原本46頁）　ツハノ

石見国四万三千石亀井隠岐守の領地で、山口県と島根県の境にある。「津和野盆地（中国地方の南西から北東に連なる構造線に属する通谷で、三原火山群と青野火山群の噴出によって囲繞せられて、細長い、〇・七七方粁位の盆地）に発達した町。幕末には一万五千人を擁して頗る殷盛で偉人を多く輩出したが、廃藩置県後は累年疲弊して三分の一の五千五百人位の町となった。しかし今や石見の政治経済上の一中心として殊に山紫水明の教育町として蘇生している」（『日本地理大系』中国四国篇、改造社版、一九三一年、一六一頁）。

この津和野藩には明治元年「仙右衛門　甚三郎らもっとも信仰堅固の者を配当し、明治三年にも百二十五人が預けられて合計百五十三人にもなった。しかもたとえば福山の阿部主計守が十一万石の大藩であったのに、明治元年二十名、三年七十六名計九十六名を配当されたのとぜんぜん釣合いがとれないほどの多数である。

なぜ津和野藩にこのような負担を負わせたのであろうか。藩侯亀井茲監は、四月の御下問には説諭して改宗さすべきであるという意見を奉答している。思想には思想で、という態度である。藩の国学者福羽美静もまた一書を差上げ、かなりの自信をもって思想によって善導すべきであると上申した。その前二月二十五日（邦二月三日）の官制改革では、亀井茲監は神祇事務局判事に任じられ、三月二十七日には亀井の推薦によって、同藩出身の大国隆正は内国事務局権判事に、福羽美静は神祇局権判事に登用された。亀井、大国、福羽らの故郷津和野に期待してキリシタンの中心人物をここに預けたのであったろうか。あるいは「やれるなら、やって見よ」という、政府首脳の意地悪さからそうしたのであったろうか。

とにかく津和野では、後に記すように仙右衛門、甚三郎らを説得によって改宗させることができず、もっともひどい拷問を加える結果となった」（『浦上四番崩れ』一二〇〜一二一頁）

※（2）（原本47頁）　長崎ふきやう

長崎府総督のあやまり。一八六八年（慶応四年）長崎奉行遁走後の治安を維持するため、長崎裁判所設置、二月沢宣嘉、長崎裁判所総督、三月井上聞多、長崎裁判所参謀に任命。六月長崎裁判所が廃止され、長崎府設置。一八六九年七月（明治二年）長崎府を廃して、長崎県設置。

※（3）（原本47頁）　きりかみ

奉書紙や鳥子紙などの大きさのまま使用したのを竪文と言い、その紙を横に半分に折って用いたものを折紙という。折紙を折目通りに切ったものを切紙という。この切紙に文を書いて伝達事項を伝える（『大言海』第一巻一四三頁）。

※（4）（原本47頁）　たびにゆき云々

明治元年（慶応四年）にはじまった浦上キリシタンの総流罪を、キリシタンたちは「旅」といった。「旅」は日本の歴史上、まれに見る残酷物語であった。しかし、いかなることがあっても、神と信仰に背くことを最大の悪とみなしていた彼らにとって、この恐ろしい流罪も信仰と神への愛に徹底して生きぬくために、彼らに残された唯一の幸福への旅路と思われたのである。

次頁の表に「旅」の配流者数を表記するが諸書がしるしているところによれば、多少の相違がある。

長崎県報告書甲第七号と『日本基督教史』の福岡藩預けの二百三十四名は、山口藩（長門萩）に預けられたもの。明治二年配流当時、山口藩にはやみ難い事情があって、再度（明治元年六十六名配流）の国預けを

	日本キリスト教復活史	浦上切支丹史	浦上四番崩れ	日本基督教史	長崎県報告書甲第七号
郡山（郡山）	八六	八六	八六	八八	八八
郡山（古市）	二六	二八			
津（伊勢二本木）	七五	七五	一五五	一〇〇	一〇〇
名古屋	三七五	三七五	三七五	一七九	一七九
和歌山	二八〇	二八九	二八一	二五六	二五六
金沢	五六六	五一六	五一七	八三	五二五
鳥取	一六三	一六三	一六一	一五五	一五五
松江	八四	八四	八八	八七	八七
津和野	二八	二八	二八	二八	二八
	一二五	一二五	一二五	九三	九三

岡山	広島	福山	徳島	高松	高知	山口	鹿児島	姫路
一一七	一七五	二〇 ¦ 七六	一一六	五四	一二五	六六 ¦ 二四五	三七五	四〇
一一七	一七九	二〇 ¦ 七六	一一六	五四	一二六	六六 ¦ 二三四	三七五	四五
一一七	一八一	二〇 ¦ 七六	一一一	五一	一一六	六六 ¦ 二三一	三七五	四八
一一四	一七九	二〇 ¦ 六六	一一二	一〇二	一一四	六六	二〇七	四五
一一四	一七九	二〇 ¦ 六六	一一二	一〇二	一一四	六六	二〇九	四五

松山	八六	八六	八六		六九
大聖寺		五〇	四四	八三	八三
富山	四二	四二	四二		
伊賀上野	五九	五九			
福岡				一三四	一三四
合計	三、四〇四	三、四一四	三、三八〇	二、四一一	二、九二四
船都合次第従是護送候事				一八五	一八五
行衛不知者				約五〇～六〇	約五〇～六〇

注：津和野・福山・山口の各欄は右側が一回目、左側が二回目以降の各配流者数

なかなか承諾しなかった。それでやむなく、通路の福岡藩に臨時預けをしたものらしい。約四か月後、山口藩に渡された。

※(5)（原本48頁）　廿八人

信仰堅固な信者たちで、その中には本原郷字辻の仙右衛門をはじめ、一本木の孫四郎、坂本の熊吉、本原郷山中の清四郎、中野の国太郎、甚三郎、城の越の安太郎、家野郷の和三郎と忠四郎、土井の友八などがいた。

二　見舞状

ヨゼフ・ロカ　ニユ《（ママ）》※(1)師より津和野牢獄にある

ドミニコ高木仙右衛門に賜りたる見舞状

※福岡司教ドミニコ深堀仙右衛門

一九六三年九月十三日書

まりや　　　　せんえもん

ぜずす

よせふ

われら《（ら）（ママ）》かなしみ《（悲）》のなかに、あなたのことをき《（聞）》ゝましたに」よりて、たくさん

よろ《（喜）》こびました。天主《でうす（ママ）》さまの　がらさ《（ガラサ）》(一)をもって、」あなたとまたすにん《（数人）（ママ）》ハまだ

※この見舞状がヨゼフ・ロカーニユ師より津和野の牢獄にあったドミニコ高木仙右衛門へのものであることを証明された書である。

(一)　graça　恩恵、ポルトガル語

かんしん《(改心)(ママ)》せずに　おりますこと、」天主《でうす(ママ)》さまにおふきにありかと《(有難)(ママ)》ふそんじ《(存)(ママ)》たてまつる。とふぞ」これからもしぬる《(死)》じぶん《(時分)》までじよぶ《(丈夫)》なれがし《(ママ)》。しまい」まで天主さまに　はめて(二)　おりませねバ、ながく《(長)》じよふぶに《(丈夫)》」なりておりましても、や《(役)》くにたちますまい。たゞ　あなたと」又あにま《(アニマ)》をたすけませふとのぞ《(望)》〔む〕いづれのほかのひと《(人)》も、」天主《でうす(ママ)》のがらさ《(カラサ)》なくして　じよぶ《(丈夫)》になること　いつこふも」かなわずと、わする《(忘)》ゝ　ことなかれ。やまずに、そのちから《(力)》を」天主様《てうすさま(ママ)》より　ねがうて、又《また(ママ)》　天主様《てうす(ママ)》ハ　あなたがたのねがい《(願)》を」あたゑて《(与)》　くださるよふ　よき《(良)》　こゝろ《(心)》をもつて　ねがい《(願)》　なされ。」かくだんにあなたがたをせむる《(責)》ものを、たとへバ　きり《(キリシタン)》」したんでありましても　うらみる《(根)》こと　なかれ。御主ぜずす《(ゼズス)》」きりしと《(キリスト)》と《(と)》も《(共)》ニ、くるす《(クルス)(ママ)》(三)　のうゑ《(上)》に、おりまするとおもう《(思)》て、」御主《(ママ)おんあるじ》さまのこゝろ　もつて、きりしたん《(キリシタン)》のなんぎ《(難儀)》のゆへとなる」ひと《(人)》までもあ《(愛)》いして、それらのためにたのみなざる《(ママ)》べく。」いづれせめ《(責)》があつても、つみと《(罪科)》がの　つくのい《(償)(ママ)》と　おもう《(思)》て、」いんべるの《(四)(インベルノ)》ゝくるしみ《(苦)》にくらべてみれバ、た《(楽)》

（二）　ものをすっぽりと入れ込む意で、ここは心を神に完全にゆだねる意味

（三）　Cruz　十字架、ポルトガル語

（四）　Inferno　地獄、ポルトガル語

のしみに」するべきことと　かんがゑて《(考)》、おわりなき《(終)》　くるしみに《(苦)》」ばかり。《(ママ)》おそるゝ《(恐)》べし。あまたのひと《(人)》ハ　これ□《(を)》わすれて《(忘)》」ころびまして、(五)いつときの《(時)》しきしん《(色身)》のなんぎ《(難儀)》を　のかるゝ〔が〕」ために、おわりなき《(終)》　くるしみ《(苦)》を　う《(受)》くる　よふに　なると」みてかなしむ《(悲)》べし。あれらのために　まこ□□《(と)(の)》かふ《(後》くわい《悔)》」をもって、天主に　たちかゑり《(立)(帰)》たてまつるよふに、ねかわねバ《(願)(ママ)》」なりません。ころひ《(ママ)》ましたものゝ　つくの《(償)(ママ)》ために、」あなたのくるしみ《(苦)》御主《おんあるじ》　さんた《(サンタ》まりやさま《マリヤ様)》くるしみ《(苦)》と」ともに《(共)》ささげて《(捧)》、あれらが　天主様に　そむき《(背)》まする こと」たくさんかなしう《(悲)》おもい《(思)》なさるべく。又　あなたがた。まいっ」ぺん。(六)はてる《(パテル)》にあふて、さがら(七)《(サクラ》めんと《メント)》うくる《(受)》こと。はなはだ」のぞみ《(望)》まするきゝ《(聞)》ました。それハでくるよふに、」天主さまハはかろふてくださるゝよふに、ひた〔す〕らに」ねがい《(願い)》なされ。われらも　あなた　と　ともに《(共)》　まいにち《(毎日)》　それを」ねがい《(願)》まする。けれども、たとゑバさからめんと《(サクラメント)》うくる《(受)》こと」かないませず(八)に、さいご《(最後)》におよぶ人あらバ　かなしみ《(悲)》　な」さるな。こんびさん《(コンビサン)》のさがら《(サクラ》

(五)　キリシタンの教えを捨てて改宗すること

(六)　もう一度

(七)　Sacramento　秘跡、ポルトガル語

(八)　Confissão　告白、ポルトガル語

めんと《メント)》うけ《受》ること　かない」ませんによつて、天主さまハ　たつしたる《達したる》(九)かふく《(後》わい《悔)》をあたへて《与え》」くださり　ませふとたのもしくにおもい《思》なされ。ころび」ませんものなれバ、すこし《少》もきづかいがあるべからす《ママ》」そむき《背》ましたもの《者》も天主にいつしん《二心》からたち《立》かゑり《帰》」まして、まこと《真》のかうくわい《後悔》を　ねがい《願》　ますれ《ママ》ハ、つみ《罪》の」ゆるし《許》をうくる《受》べしとうたかい《疑》なし。かくだん《格段》にあに《アニマ》に」まのたすかりをなげく《嘆》人ハ、さんたまりや《サンタ・マリア》の　おんとりあわせ」たのむ《頼》べし。又さんたまりや《サンタ・マリア》様の　ごおん《御恩》　うける《受》がために、」だいいち《第一》のつとめ《務》といふハ、こんたつ(十)のおらしよ《オラショ》　でござり」ますれバ、やまずにそのおらしよ《オラショ》　つとむるべし。このおらしよ《オラショ》」を　もつて、きりしたん《キリシタン》が　たび〳〵だいじ《大事》なるごおん《御恩》」うけ《受》ました。あなたがたもさんたまりや《サンタ・マリヤ》様のご《ママ》かけ《御陰》を」もって、てんぐ《天狗》(十一)に　かつべしとたのもしく　おもい《思》まする。」さんたまりや《サンタ・マリヤ》　様ごたすけ《御助》を　もって、につほん《日本》《ママ》のき《(キ》り《リシタン)》」したん　いま《今》まで　きへ《消》ずに　つたゑ《伝》たによって、さんたま《サンタ・マリヤ様》」りやさまのご《(御》かげ《陰)》をもつて、ま一ぺんさかる《栄》べし　とたの」もしくに　おもい《思》　ますなり。あ

(九)　すっかり完全なの意でキリシタン文献にも見える

(十)　ロザリオの祈り

(十一)　悪魔のこと、著者も幼い頃、父が「てんぐ」と悪魔のことをいっていたのを思い出す

なたがた　一人のこらず《(残)》」ぱらいぞ《(パライゾ)》(十二)へみちびいて《(導)》くださるゝよふに、ねがい《(願)》たて
まつる。」かつまた　きよねん《(去年)》(十三)の五月十一日※(2)にけい三ぶろ《(敬三郎)さ(ママ)》※(3)　から《(唐)》のくに《(国)》に」し《(死)》
にました。それをけいさぶろ《(敬三郎)》のために、天主様のごおん《(御恩)》とおもう《(思)》て」かなしみ《(悲)》な
さるな。げんたろ《(源太郎)(ママ)》(十四)がくこふ《(学校)》ニおゐて、よく《(良)》つとめ《(務)》」まする。このよ《(世)》に　ま一ぺ
ん　こども《(子供)》とゝ《(共)》にあい《(会)》ますること」かないませんならば、どふぞ　ぱらいぞ《(パライゾ)》に
みな《(皆)》　天主様のまゑ《(前)》で」あい《(会)》まするよふに　こいねがい《(願)》たてまつる。」

四月十一日(十五)　　よふぜふ

せんゑもん様

せんゑもんとともにおる

ひとびと様

(十二)　Paraiso　天国、ポルトガル語

(十三)　明治三年

(十四)　仙右衛門の次男

(十五)　明治四年

注

※(1)Laucaigne Joseph Maria（ロカーニュ・ヨゼフ・マリア）

一八三八年五月十三日タルプ・ルールド司教区のガルデールに生まれた。一八五九年にパリ外国宣教会に入り、タルブの大神学校に学ぶ。一八六二年五月叙階。一八六三年九月横浜に到着、休暇のためフランスに帰国したフューレ師の代りに、一八六四年十一月長崎に着任。一八六五年三月十七日信者発見、プチジャン師をたすけて活躍、しかし大浦天主堂で信徒に教理や秘跡をさずけることが不可能になったので、一八六七年の正月からプチジャン師は浦上において信者を司牧することをロカーニュ師に委ねた。彼は日が暮れてから日本人の服装をし、浦上の信者集落にいき、そこでゆるしの秘跡をきき、ミサを捧げまた教理を教えた。すべては夜明け前にすませ、昼間はかくれ、次の夜に再び活動を始めるという調子で決して一週間以上は同じ場所にとどまらなかった。この頃、浦上村山里の四か所の秘密教会に名前がつけられたことが、浦上からロカーニュ師がプチジャン師に送った手紙によって判明する。

一八六六年（慶応二年）日本代牧司教に任命されたプチジャン師は、ロカーニュ師に後のことを頼んでヨーロッパに向った。プチジャン司教のヨーロッパ滞在中、一八六七年七月迫害が始まり一八六八年迫害は一般におよんだ。一八七〇年（明治三年）浦上キリシタン総流罪の最中、十三名の小神学生（仙右衛門の長男敬三郎もその一人）、国語教師阿部慎造、石版見習生五名を伴ってロカーニュ師は広東に向った。

一八七一年長崎に帰り迫害にあわなかった信者の司牧に当たった。この頃、ロカーニュ師は小屋を聖ヨゼフ教会として捧げ、何かと彼の布教活動を助けていた当時津和野の牢獄に捕われ中の仙右衛門に見舞状を書いた。一八七三年四月、キリシタン禁制が解かれ迫害は終わった。一八七四年二月二十四日、長崎においてプチジャン司教より補佐司教に祝聖、彼は元来虚弱であったにもかかわらず司牧活動と修徳生活の厳格さのため全力を消耗し、遂に体力回復のため香港のサナトリウムに赴かねばならなくなった。復帰後、ロカーニュ司教は大阪に居を定め、中部日本における布教に従事した。

一八八四年十月、プチジャン司教看護のために長崎に行き臨終の秘跡をさずけ、埋葬した。彼も間もなく大阪で熱病におそわれ、そのうえ丹毒にかかり、一八八五年（明治十八年）一月十五日没した（参照：『カトリック大辞典』V・『日本キリスト教復活史』）。

※（2） 本原町一丁目石山にある墓碑には「浦上山里邑本原郷辻若望保弟斯太《ヨハネバプチスタ》・高木敬三郎良当教艱の日避え清居二年遂以五月五日福終於香港享年二十三経十一年遠迎帰葬瑪」と。すなわち五月五日死亡となっている。

※（3） 敬三郎（仙右衛門の長男）、慶応元年十一月頃から大浦天主堂に弟源太郎らとともに神学生志願者として住み込み、ロカーニュ師より教理やラテン語を学んでいた。明治三年一月の浦上キリシタン総流罪の最中、他の小神学生十二名、国語教師阿部慎造、石版見習生五名とともに上海に避難、さらに香港に渡り、その郊外ショウザンというところにある広東教区の神学校に入学。間もなくマラリア病にかかり、敬三郎ら三名が死亡。

切支丹牢屋ノ唄

(1)[※(1)]0　アメノ主ハ〔ハ〕[※(2)]　ヨニクダリシハ。
ダレノタメカヤ。ワレノタメ。
ドッコイ
(2)0　アハレナルカイセイ母トトモニ。
スエハゴロリヤ[※(3)]ノ。ハナト[※(4)]　ル。
ドッコイ
(3)0　ナカメ々[※(5)]々々ハクルス[※(6)]ノソバニ。
コゝデセイ母ハ。タチナゲク。
ドッコイ
(4)0　キミガウマレタナラシュテヤノクニニ[※(7)]
サンタマリヤニ。ゴショウ[※(8)]ヲカケ
ドッコイ
(5)0　風カモノ云タナラコトヅケタノム。
カゼハサラブリ。[※(9)]ヲトバカリ。
ドッコイ

注

※(1)　(1)が消えているようである。外国では、番号を表わす時0を数字の横につけるという。この唄を記録した源太郎は、小神学生として、マラヤ半島のペナンの神学校（パリ外国宣教会経営）において勉学したので、その影響が強くみられる。源太郎の甥にあたる筆者の父の書体と甚だ類似している。

※(2)　ガを消し、ハと書き改めたようにみえる

※(3)　グロリア、栄光

※(4)　ナとミが二重になったように読める

※(5)　中目、グロリアに　するまでは

※(6)　十字架

※(7)　ユダヤの国

※(8)　後生、来世の生命をかけ

※(9)　空ぶり

四 「仙右衛門覚書」（現代文）

凡例

○原文を読みやすいように書き改めた。原文にないことばを補ったり省略したりすることはできるだけ避けた。
○判読できないところや意味のとれないところは、むりに意味をとらずに、注記した。
○「……と申しました。それに答えまするに……」という言葉は適宜省略した。「申す」は謙譲語であるが、「言う」の丁寧な言い方として使っているところが多い。これは慣用されていたもので、書きかえることはしなかった。

1 長崎においてあった事（本書一一一〜一三三頁）

長崎において、キリシタンに面倒なことが起こったそのはじまりは、仲間に死者があったとき、お上《かみ》の言いつけを無視して、僧侶も呼ばないで、キリシタンの葬礼で葬ったことでした。

そのことについて、長崎の御代官より、七人を総代としてお召しがありました。私は七人のなかに入っていませんでしたが、そのうちの一人のかわりに参りました。御代官の前で、代官にかわって、御手代《おてだい》が申しますには、「その方ども、まだキリシタンの許しもないのに、だれの許しを得てキリシタンの葬礼をしたのか」

その時私が「私どもはキリシタンであるので、仏教や神道の葬式をして、僧侶を呼ぶことなどできませんので、村乙名《むらおとな》（村役人）と庄屋に申し出てキリシタンの葬式を致しました」と答えました。

御手代は「この長崎の御代官様は将軍様の代りをなさるので長崎の殿様である。この殿様はその方どもが難儀にあうとお助けになるあわれみ深い殿様であるから、その方どもの願いは何でもお聞き下さる。だから日本の宗旨を守って将軍様に従え」と叱責しました。

これに答えて「天主の御掟に障《さわ》らぬことはなんでも将軍様に従いますから、どうぞキリシタンを守らせて下さい」と申しました。

ところが御手代は「早くさがれ」と叱り、御代官は馬に乗って、私ども七人の顔を眺めて、御奉行に訴えに行きました。

私どもは家に帰り、しばらくの間はなにごともなく静かでした。夜の三時ごろ、私はぐっすり寝こんでいましたが、戸をはげしくたたくので目をさまして、見ると家の中には捕り手の役人がいっぱい来ていて、私をひき起して縛るので、「なんの咎《とが》があってこのように捕えるのですか」とたずねると、「ふとどきな奴、このことは後《のち》ほどわかる」と打たれました。

次男の源太郎もともに縛られてひかれて行く途中、しばらく弥三郎の家にとめられて、「平《ひら》の又市の家はどこか」と聞かれました。私は又市が捕えられないように教えず、源太郎にも言わせません。そのため刀を抜いて、「斬るぞ」といって刀の背で首を打たれました。そして「早く歩け」と責めたてられ、浦上の庄屋の家へ行き、少しの間留め置かれ、桜町の六番の牢屋に入れられました。

入れられるときは、まる裸《はだか》にされて、床に投げられる牢内の式法をうけました。牢内の頭《かしら》である監房が「歌をうたえ」と言ったが、歌いませんでした。彼は「その方はどういうわけでこの牢屋に入れられたのか」とたずねました。「私はキリシタンのゆえでござる」と言って天主のことを話しました。

この六番の牢屋に一晩いて、七番の牢屋に移され、ここも一晩で小島の牢に移されました。この小島の牢内では、およそ五畳ほどの所に十人ばかりも入れられたので、自由に寝ることも、また座ることもできません。監房がキリシタンの式法をすることを嫌ったが、「キリシタンをやめないために牢屋に来ているのですから、オラショ（祈り）などやめることはできません」と言って、オラショをすることができました。この牢屋にいたとき、最初の御用（取調べ）に出ました。

奉行の代りとなって事を裁《さば》く目安方という役人が、「その方が天主堂へ行ったとき、だれの通訳で教えを聞いたのか」とたずねました。私は「パテル（司祭）という天主の御名代が私のことばもわかりますし、私がわかるように言いなさるので、通訳する人なしで聞きました」と答えました。

また「だれとともに聞いたのか。また船で行ったのか、歩いて行ったのか」

「私はキリシタンの子孫のものですから、教えを望んでいます。友だちがいなくても行きたいときは自分でいつでも行きました」

「だれが先だって教えたのか。まただれが先だって天主堂をつくったのか」

「だれが先だってということはありません。村の者みんなの心がそろって、天主堂を作ろうという気持が起こって作りました」

ところが「その方はまことを言わぬ。みないつわりのことを言っている。先だつ人がいなければ、たとえなにをするにしてもできるものではない」と叱責されました。また「まっすぐに真実を申せ」と、びんずら（側頭部）を打たれました。その日はそれで御用ずみとなって牢屋に帰りました。

翌日また御用に出たとき、「その方はいつわりを言わずに、まっすぐに言え」と申されました。そのとき「いつわりは申しません。真実《まこと》のことでござりまする」と言いはりました。

そのとき「日本にはその方どもを助ける宗旨がある。将軍の仰せに従って、それを守れ」と申されました。「日本に私どもを助ける宗旨があればそれに従いましょう。けれども私どもはキリシタンです。天地万物がなかったときから天主があって、天地万物をつくり、最初の人間をつくりました。天主はわれらのまことの御親《おんおや》でございます。このおん親のほかには、何も信じて敬うことはできません。またこの天主の十か条の御掟にも、天主の御掟に障《さわ》らぬことは将軍様方によく従えとあります。私が親から言い伝えられたことは、天主よりほかのものを拝むな、また御年貢をよく納め、公役をよくつとめよ、ということですから、そのようなことを勤め、キリシタンはお上に一揆をしたこともありません」と申しました。

そのとき申されたことは、「これまで聖徳寺という浄土宗の寺を建てておる。（以下、一部意味不明のところがある）これまで通りにやれ」これに答えて「それはこれまではうわべだけでやっていました。けれども天主の御名代のパテルより教えを説き聞かされると、それをすることはできません」と申しました。

「そのパテルはなにを教えるのか」

「パテルは人のアニマ（霊魂）のたすかりを教えます」

「人間が天主の名代たることができるのか」

「パテルは六、七歳から学問をして、不犯《ふぼん》を守り、人に罪科《つみとが》のゆるしを与える力をうけたものでござる」

と答えました。

その日は御用ずみになりました。この取調べは、立山屋敷と西役所に都合十度行きました。

それから桜町の一番の牢屋に移りました。そのときは牢内の式法などもきびしゅうございました。この牢屋には看房も七人おりました。また七人のほかにすぐれ人（その上の役人）がいて、皆私どもをいろいろ説得して、改心させてお上に忠義をしようということで、皆が私どもを一人ずつ呼んで、改心せよときびしい口調で責めたてました。けれども「改心することもうわべだけで、教えを捨てることはできません」と申しました。元助という人は、「私は一分《ぶ》刻みに刻まれても改心することはできません」と申しました。

そのとき看房やその上の役人が申すには「それならば御用に出よ」と、その翌日元助その他桜町の二番牢屋、三番牢屋に入っていた人、六人ばかりが御吟味所に出されて、きびしい綱責めにあい、またひどく打たれて門口に引出され、捨《す》て物《もの》にしてころがしておかれました。この有様を小島の牢屋より来た八十人ばかりの人たち、その中に女も六人ほどいましたが、その人たちに見せました。その打たれた六人のうちに、コンヒリマサン（堅信）を受けていても、このように苦しみがあり、これ以上は堪えられないという人がいて、六人が相談して皆改心致しました。このとき役人が（あと意味不明）「あれを見たか。あのようなからだになってから改心するのか。まだ体の傷つかぬうちに改心する方がよい」と申されたので、それに恐れて八十人ばかりの者が皆改心しました。

そのとき私は一人の友だちと、御用（取調べ）がないので牢屋に残っていました。その改心した者のうち、元助という人は、私のいる牢屋に毘沙門《びしゃもん》という戸口から入ると、牢内の者どもがその頭をつかんでひっぱり、鉄砲責めにして骨も砕《くだ》けんばかりでした。それは御用に出ないときに、牢内の者が改心せよとすすめても、一分だめしに刻まれても改心しないと強情をはって、御用に出たときに改心したからです。また私とともに残っていた市三郎も、こんな有様を見て心が弱り、牢内で改心しようとするようすなので、私は「御主《おんあるじ》様、聖《サン》フランセスコ・ザベリヨ、また日本のまるちれす（殉教者）に対してもすまぬことだから、この迫害に対してスピリト《（ツ）》サント（聖霊）の力をもってともに堪え忍びましょう」と勧めましたが、「とても堪えられません」と牢内で改心して出て行きました。

　そのあとに私一人が残りましたので、牢内の者たちは、かわるがわるに私を改心させるためにいろいろと改心を勧めました。また牢内の頭が格別に私に勧めて、ねんごろに申しますには、「その方は家に妻もなく、子供ばかり残っておるそうじゃが、体を傷《いた》めずに帰ったならば、子供に難儀をかけず、またお上にも従順なものとなって、ごほうびが与えられる。またただ今の責めを見たか。人はこれに堪えられず皆改心するのだから、その方一人が堪えることはできない。この道理をよく考えてみよ。その方のことを思ってこのように申すのだから、今改心せよ」と、（以下意味不明）

　私はこれに答えて、「あなた方の今のことばは大へんよくわかります。色身《しきしん》（肉体）のためだけにはこの上もない結構なことでござりまする。けれども天の主より与えられたアニマ（霊魂）と、その御恩をうけた天主のためには、この上なきわざわいですから、どうも折角ながら改心することはできません。お上のお取り調べのときも厄介をかけると知りながら改心せずにおりまする。全く、私は人を恐れません。ただ天の主だけを恐れます。どうぞお慈悲に、御吟味所の御用を受けさせて下さい。私はなかまが百人いたら強くなり、一人になって弱くなるということはありません。一人になっても、もとの心は少しも消えません」

　すると牢屋の頭が、「それならばもう改心せよとは言わない。私ももとは侍《さむらい》であるから私が殿様に忠義のためいくさに出て、一人になっても殿に御奉公しようとする志も、その方が天の主に御奉公しようとするのも同然である」と言って、「もうこれからは何も言わぬ」と申しました。

私はこのとき、ただ御主さま、日本のご開山フランセスコ、殉教者《マルチレス》また大阪の司教《エピスコホ》様、また今の長崎の司教様方の御恩などが身にしみ、それらの方々が目の前にあるように心に感じました。

このころ役人はたびたび来て、牢屋の外から「まだ仙右衛門は改心しないのか」とたずね、牢屋の頭が「いまだ改心に至りません」と言いますと、役人は「改心しないのなら、強いて改心させるな」と申しました。

その日は金曜日《セスタ》だと思いまして、最後の覚悟で「歯が痛む」と言って、犠牲のため朝飯《めし》を食べずにいたところ、牢屋の頭のうちにはそれをあわれに思うのか、なさけをかけてくれる人もいました。その日の晩方に御用があり御吟味所にひき出されました。

役人より、「その方はこれほど御吟味にあっても聞き入れず、ただ一人強情をはっている。浦上に建っている天主堂四軒は明日焼き払われるが、これほどになってもその方は将軍に背《そむ》いて、わが身に難儀がかかる強情なことを申しておる」と叱責されました。また目安方のいる御吟味所に、裸にしてきびしく縛られてひき出されました。そのとき目安方は、「その方一人、将軍の言うことを聞き入れないので、その方一人のために吟味の席を設けて、これほどの御手数をかける」

これに答えて、「天子さま将軍さまの言われることを聞き入れないとは申しません。天地万物のないときから天主様がありまして、天子、将軍さまもこの天主様が作りますので、天子、将軍さまより天主様が上であると私は思いまする。仏教や神道の道にさえ係わらなければ、なにごとでも天子、将軍さまの言われることは聞きまする。天主の御掟にかなうことは天子、将軍さまの言われることに従いまする」

そのとき目安方はなにも言わなかったのでまた私は、「この町のあたりで、キリシタンについていろいろ評判があります。それはキリシタンは天草の天《てん》の四郎、千々石五郎左衛門（一部不明）たちのように謀反をしたり、いろいろ勝手自由にわがままをする者のように言いたてますので、いずれお上もそのように疑っておられると思います。それは大きに了見違いでござりまする。またキリシタンは豆も小玉銀にかえ、紫の葉も版金《ばん》（大判・小判）にするなどと、いろいろに申します。けれどもキリシタンはさようなものではありません。もしそのようであれば、浦上のキリシタンは皆金持ちばかりでござりましょう。また牢屋におるときは狭いところにおかれて不自由でも、牢屋を破って自由をする者は一人もおりません。また御用のときよりほかに牢屋を出る者もありませんから、キリシタンは決して天の四郎のごとき者ではありません。それをいろいろと疑われるのは大きな不行届きでござる。心の内では改心しないで、浦上に帰ってキリシタンを盛んにするつもりで、つつみかくさず改心しないと申しまする。心の内では改心しないで、浦上に帰ってキリシタンを盛んにするつもりで、つつみか口だけで改心すると申してお上をあざむきません。そんなことをすればかえってお上にお手数やご厄介をかけまする。ですから心の内で改心しないと思っていますので、そのとおり改心しないと申しまする」と言いました。そのときはきびしく縛られているので喉《のど》や腋《わき》の下は綱が締ってひどく苦しく、やっとのことで申しました。

ところが目安方は、「その方は御高札のことは知っておるか」と尋ねました。「私は字を読むことはできません。けれども人から聞いて、そのことは百も千も承知しておりまする」と答えました。

目安方は、「その方は天帝を信仰するか。その天帝を天主《デウス》と言うのじゃ。それは日本の国でも知っておる」私は「天帝が天主と言うことを日本の国でも知っておるならば、これほどに御吟味はいりますまいと思いまする」

目安方は、「日本の国には許しがないのじゃ。それにだれの許しをもってその信仰をするのか。また御高札を知りながら、信仰をするので追々に吟味を致す。牢に下げろ」（一部判読できない）と申しました。そして綱を解かれて牢屋に帰りました。牢内の者は寝ずに待っていていろいろと私をいたわりました。それは牢内でもしっかりしており、御用に出ても改心しないで帰ったからです。

翌朝、牢屋の頭は、「その方はこれほど命を捧げるからには、何も恐れずお上に何ごとでも申すがよい。もう恐れることはない。私もその方には、これから何も言わぬ」と申しました。

またその日に御用があり、連れられて行く途中で、皮屋町の者たちが私に「お前一人のために、夜も寝られず、また難儀なことになる。だから改心しろ」と言いました。私は、「改心することはできません。私も疲れているので最後が近いので、それまでの間お世話して下され」と申しました。

そのときの御用は西役所で、御奉行ら二人が、「その方は仙右衛門と申すか。異宗を信仰するうえは、このたび高木作右衛門、村乙名高谷官十郎にお預けに相《あい》なるによって、御用のときは何時《とき》なりとも出でよ。髪を剃らずに慎んでおれ」と申し渡されて、すぐに御代官の所に行きました。それから大波戸より船に乗って、また浦上の庄屋に行って、すぐにわが家に帰りました。

ところが浦上のキリシタンは皆頼もしい心を失っていました。それはキリシタンのうち主だった者六十人余りが改心して帰ってきたからでした。また改心して帰ったものは、天主に背《そむ》いて帰ってきたので、その人を愛する者は一人もありません。妻もこれまでの妻のようではなく、子どもも子どものようではない。飯《めし》を食べよと言う人もいません。まことに改心してわが家に帰ったものは、見るに見られぬあわれな有様でした。お役人と皮屋町の者どもからはきびしい責めにあい、妻や子どもからは捨てられたようになって、身の置きどころもなく、床の下や畑や山などに隠れておりました。これによって皆悲しんで、頼もしい心を失っていました。そこへ私が帰りましたので、皆集ってきて、「お前はどのようになって帰ってきたのか」となんどもたずねますので、「私は天主様のおかげで、エピスコパル、パテル様の、またお前たちのオラショのおかげで、御用をつとめて帰りました」と申しますと、皆よろこびました。また「改心して帰った人も見捨てぬようにしろ」と話しました。それからだんだん力を入れて、皆が信仰にたちかえりました。

それから間もなく、岩原郷の新奉行（河津伊豆守）より内々の御用だといって三人の役人が迎えに来て、丁寧に話をして、私を連れて行くと申します。その役人に岩原郷の御役所の奉行のいる大広間に、夜の十二時すぎに一人こっそり連れられて行きました。

そのとき、御奉行がねんごろに言うには、「皆はお上の言いつけに従って改心して帰っておるのに、その方は一人それに従わず、お上にお手数をかけている。日本にはよい宗旨がある。仏教もあれば神道もあるのだから、この許可された宗旨を守るべきである」

私はそれに答えて、「天主は万物もない時からあって、よろずのものは皆天主がおつくりになったので、まことの敬うべきあるじでござります。また神仏《かみほとけ》というのはわれわれと同じ人間ですから、これを拝むことはできません。またこれを拝んで後生《ごしょう》の助かりを得ることはできません。このためにただ天主だけを信心致しまする。たとえ殺されても神仏は拝みません」

ところが奉行は、「その方を殺すために呼んだのではない。ただひそかに内々の御用に呼んだのである。

そのキリシタン宗はよい宗旨であるが、まだ将軍より許しが出ていない。その方一人が親の許さぬ宗旨を守って助かるよりも、親の許しのある宗旨を守っておれば、そのうちにキリシタンも許されるようになるから、それまでの間は、キリシタンの道をまっすぐに行かずに少しまわり道をして、ただ心の内で信じておればよい」とねんごろに申しましたので、私は「心の内ばかりで信じることはできません」と答えました。

奉行はまた、「その方の家族だけ神仏を拝まず、これを信心しないことを許してやろう」と申しました。「私は親兄弟もあれば、近所もありますので、皆が許しを受けなければ、私一人だけそうすることはできません。このゼズスの教えはよい教えでありますので、御吟味があればあるほど、なお守りたくなります。どうぞこの宗旨をお許し下されば、この御恩はながく忘れますまい」とお願いしました。

奉行は、「その教えのよいことは、私もフランスに三年おったので知っているけれど、ただ今はこれを許すことはできないから、きょう帰ってよく考えて返事をせよ」と言って、「その方は病気でありながらここに参ったのはご苦労であった」と、金を三分紙に包んで渡そうとするので辞退しましたが、是非にといって私にくれました。

それからまた奉行より使いの役人が三人連れだつて、私の家に返事を聞きにきましたので、「仰せに従って改心することはできません」と返事をいたしました。

2　津和野にて（本書一四一～一五九頁）

私ども百十四人の者に長崎奉行より書状をもって御用がありましたので行きましたところ、他国へ行き国々に御預けになるとの仰せ渡しがあり、すぐに出発させられて、大勢の兵隊が左右をとり囲んで、大波戸から船に乗り、蒸気船に乗り移り、一晩泊って船が出て下関に着きました。ここで六十六人が上陸しました。このなかでまだ洗礼を受けていない四人に洗礼を授けました。それから尾道という所に着きました。ここに着くまで、長崎の天主堂からパテル様方が私どもが船に乗せられているところを見ている姿をみて、私どももオラショをはじめて、尾道に着くまでいたしました。それから二十八人に役人が付き添って尾道の寺に引かれて行くとき、縛ろうとするので、「私どもは縛られてここに来たのではありません。また特別な罪人でもありません」と申しましたところ、縛らずにそのまま上陸させました。ところが役人は「寺といっても寺ではない。また「寺に行くべき者ではありません」と寺に行くことを嫌いました。ところが役人は「寺といっても寺ではない。その方どもを置くために仕切りを立ててある」と申しました。その寺に十四、五日置かれました。その間に二度取り調べを受けました。

ここでは口責《くちぜ》めで、役人が、「キリシタンという者はなにをするのか。また日本の教えに従うようにするのか」などいろいろ尋ねました。「信仰するものは天地のあるじ、天地の御作者である天主でござりまする。また日本の教えに従うのであれば、ここまでこうして参りません」と答えました。

それから津和野の役人が私どもを連れに来て、その役人とともに、大切に扱われて津和野の城下に着きました。その城下より離れた所にある寺に置かれました。その寺に役人がかわるがわる私どもを守護するために来ました。また取調べの役人も毎日来まして、「汝らの教えの司《つかさ》はなんと申すか」など、いろいろ尋ねます。

そのつかさは、ヱピスコポ、次はパテルと申します。この教えは決して悪い教えではありません。よき教えでありまする。三百年前、聖フランセスコ・ザベリヨがはじめて日本にこの教えをひろめ、およそ日本の八分どおりひろまりましたが、太閤より御法度《ごはっと》になって、今も日本において御法度ということは知っていますが、三百年このかたキリシタンの教えが悪いということは聞きません。天子様がたに悪いことをしたという例も聞いていません。ただ天地の御主《あるじ》を信仰いたします。これがこの万物のおん親である天主にご奉公する道でございますから、先祖からも、言い伝えられて、これを代々信仰いたしまする。そのうえ、今新しい教えを聞きまして、なお心丈夫になっております。ですから、信仰をやめるのであればここまで来ないで、長崎で御代官に従えば、すぐに家督も望みどおりに与えられているのでございます。けれども終わりなき天の楽しみを求めるために、どんな責めにあっても改心することができませんので、こうしてここへ来たものですから、この上どのようなことがありましても改心することはできません」と申しました。

ところが、はじめのうちはあまり責め苦しめることはありませんでした。けれどそうながく暮らさないうちに、この津和野の光淋寺という寺に置かれた二十八人のうち、六人ほどが心が変って、改心して早く郷里へ帰りたい気持ちになって、そのことを役人に知らせたのか、役人は六人を尼寺に移しました。この人たちにいろいろゼンチョ（異教徒）のわざをさせたということです。

役人はこの弱みを見て、残りの者もこの六人のようにさせるためにきびしくなりました。これがきびしくなったはじまりです。これから御吟味がきびしくなり、食べ物を少しずつ食べさせて、ひだるか（空腹な。「か」は方言）ようにして口責めで、御用吟味をする役人が言うには、

「たとえば麦ばかり食べてその味わいを知ってよい米の味わいを知らないように、キリシタンの教えだけで、仏道、神道の教えの味わいを知らないから、その方どもは今のようにしている。またみかんの木に柿の実はならない。だから日本の天子様はみかんの木である。汝らはその枝葉であるから天子様の規則に従い、

その教えをよく守れ。人は親がなければ生まれない。親は子供をよく養い、よく育てているのに、子供は旅の人に従い、その教えを守って親に従わなかったらいかがであるか。それは正しいことか。今汝らはわが親である天子様に従わずに、異国の教えを信じ、異国の人に従うとはどうしたことか。あまりにわがままで無法の仕わざであるから、このことをよく考えて明日返答せよ。明日まで猶予する。明日になれば返答しなければとがめられる」

これに答えて「これは異国の人に従うことではありません。また異国の人のために信じていません。異国のためにも日本のためにも、ただ世界中の御主を敬いまする。この御主はどの国のことも取りはからわれますから、私どもは食べるときも天主にお礼を申します。また天子様のこともよくわきまえておりまする」と申しました。

役人は、「それではその汝らの天主が汝らに食べ物でも、なんでもかんでも直接に与えるのだから、何も願うな。また食べ物が足らぬなどということはないだろう」と言いました。

「私どもはそのように力のある者ではありません。だからここにこうして来ております。また天主のおはからいで、天子様より食べ物を与えられなければ、食べずにおりまする。また仏道や神道はまことの教えではありません。ですからこの教えによって助かることはできません。仏や神道の教えによって助かるようでしたら、キリシタンを守って御禁制をうけて、わが郷里を捨て親を捨て、また妻や子も捨てて、ここにこうして参りません。ですから私どもは改心することはできません。また今のように食べ物も十分食べられずに、生きることもできず死ぬこともできぬようにしなくても、キリシタンを守って日本の国法を破ると思われるならば、殺すなり、それにあたる罰を与えてよいと思いまする。今のようにしてだんだんに死なせることは隠《かく》し殺しでござる。これでは日本の天子様のご威光にかかわります。このようにされることは私どもは納得できません」と申しましたところ、役人は、「人をばかにするな。言いたいままに無法のことぼかり申している」と叱責しました。

それから、長州の小野石斎という人たち三人と、津和野の吟味役人、千葉、佐伯、金森たちが皆集っているところに御用に出ましたとき、小野石斎が私に「十か条の御掟をいえ」と申しましたので十か条を説明しました。そのときうまく説明ができなかったので、石斎はあざけって、「そんなことでは天主に身を捧げるという程のことはない」と言って、アブラハムやイザアクなどのことをよく説いて、また「長州に来ておる六十六人の者は改心したから、汝の友だちどもにも申しつける。汝もとくと相談して明日返答せよ」と申しました。

私は、「わき道へそれて行った人のことはかまいません。また私は友だちと相談することもできません。御用はあなた方が勝手になさってようござります。私は私だけのことでござる」

役人どもは私を咎《とが》めましたので、「わが長崎においていくつかの役所で調べをうけ、また土佐、薩摩、長州の参謀方より御吟味をうけても改心せずにおりますれば、ここまで来て改心することはできません」と言いましたところ、小野石斎は怒って、「この者を一緒に置くことはできぬ」と言って、私と熊吉と和三郎と三人別々に置かれました。そして石斎は国へ帰りました。

それから私ども三人は食べ物もごく少くして尼寺に置かれました。その尼寺では改心した者に神道の講釈をするようにして、大神宮を飾っておりました。また改心した者のうち不信心な者を一人、門番の役にしていました。私ども三人は三畳敷ほどのところに三十日ほど置かれ、またもとの所に返されました。その代わりに三十四人ほどが尼寺に置かれました。

こうすることは、改心した者にはよい待遇をし、改心しない者には寒さと飢えで責めて、改心した者のよい待遇を見せて改心させるためのはからいです。このように寒さと飢えで責められるので、私ども三人ともに病気になりました。和三郎はだんだん病気が重くなって死にました。

又そのころ安太郎という者も重い病気でありました。あわれにもこの人は、夜介抱する人もなく、きびしい寒さに単衣《ひとえ》もの一枚着て、ただ一人小さい部屋に寝ていました。このとき、この病人は上にきれいな女の人がいるのを見ました。この女は声を出して病人と話しました。こんなことが三日間もあったと安太郎は私に話しました。私が夜分、窓の障子に光と影が映ったのを見たことと話があいます。

このころ、改心しない者は皆殺されるという評判がございました。牢屋の近くに穴を掘ったりなどして、そんなようすがうかがわれました。改心した者が別れのために来たりしました。

このようにして日を暮らすうちに、もと津和野の侍であった福羽という人が東京からやって来ました。この人がキリシタンの者を見たいと言って私どもを呼びました。そこで部屋の者が皆行きましたところ、いろいろご馳走をしていました。そしてキリシタンのことについてねんごろにたずねましたので、天主さまのことを話しました。

この福羽という人は、その時分日本の国を四人でとりはからうその一人でした。ほかの三人はキリシタンは天子様の規則に背《そむ》くので皆殺してしまったらよいと申しましたが、この人は一人、殺した人を生かすことはできないから生かしておくがよかろう、殺すときはいつでも殺せると言った人です。

この人はまた東京に帰りました。たびたび私どもに金をくれました。

そのあと千葉という人が毎日毎日御用吟味をいたしました。「汝らはなにをどれほど言ってもいっこうに目がさめぬ」と申しますので、「あなた方は仏教や神道を信じても、それで助かるということはありません。それは天地のあるじではありません。あなた方は日を拝みますが、このようなものを拝んで天地のあるじを拝むことを責めるのは、いちばん危いことでござります。ですからあなた方がはやく天主を拝むようになるよう、私どもは願っております。またひとつお願いがあります。このようにしていましてもだんだん人は死んでいきます。どうぞ長崎に引き下《くだ》して、御刑法を行って下さい。（一部不明）そのようにしてもキリシタンが多くなるか、少くなるかわかりません」と申しましたところ、「殺す殺さぬはこちらのはからいである。汝らの分でない」と叱責されました。

それから七日ばかり病気で熱が出ていましたとき、御用と言ってきましたので、私は「病気中でございます。これまで御用のときは一度も出なかったことはありません。よってなおりましたらすぐに参ります。それまで出られません」と申しました。ところが「歩くことができなければ、荷《に》なわれてなりと背負《せお》われてなりと、きょうぜひとも御用に出よ」と二、三度呼びに来たので、そろそろと一人で行きました。千葉という役人は、「仙右衛門、その方病気であるか」と申しましたので、「さようでござりまする。病気ゆえことわりましたがお聞き入れなきゆえ参りました」と答えました。ところが「考えなおすことはできないのか」と言いますので、「それはできません」と申しました。

「これほどまで申し聞かせても、またどんな空腹にあっても考えなおすことはできないという。それでは裸になれ。その着物は日本の地でできたものである」と申します。

「これは私の国から、私がこしらえて着てきた着物でござる。だからこれを脱いで裸にはなりません。長崎ではどのような科人《とがにん》でも、病気のときは全快させて御吟味を致します。今私は病気ゆえにことわりましても、聞き入れもなく御用吟味を致されます。この着物は私がこしらえて着てきたものですから脱ぎません」

役人は、「はだかになって池にはいれ」と申しました。十一月頃で雪の降るころです。

「私は自分で裸になりません。また池にも入りません。たとえ火に焼かれるともはりつけにあうとも、池に入って水に死ぬのも、同じ死ぬ命ですから、自分では池に入りません。それはご勝手になさって下さい」

ところが「自分で池に入らぬというから、裸にして池の中につき込め」と下の役人に言いつけて、裸にされ、池の中につき込まれました。寒さはからだ中を針でつきさされるようでございました。そのときオラショを声いっぱいはりあげて申しました。

このとき役人どもは、「こうしておいても死ぬ。またあげても死ぬから、早くあげよ」と言って池からあげられて、もとの責め場所に据えられて、「これでも考えなおすことはできないのか」

私は「こうなってからは、とても考えなおすことはありません」と言って、あとのことばは凍《こご》えてふるえますので言われません。

このありさまを同じ牢屋におる者に見せて、「汝らも考えなおさねば仙右衛門のとおりにするぞ」と申しました。皆は「このとおりにされても苦しがりません」と答えました。

ところがまた、甚三郎という人が池に入れられました。その間私は御吟味を受けました。この甚三郎は池からあげられたとき、焚火《たきび》をして暖められました。少し暖《あた》たまってから友だちが着物を着せて帰りましたが、しばらくの間はふるえていました。私は寒くて歯も抜けるようでしたが、二、三日暮しましたところもとの熱病までなおりました。

その後、甚三郎の親の国太郎が池に入れられました。その次に土井の友八が池に入れられ、それから松五郎は池入りのかわりに他の牢屋にやられました。そのとき三日間は食べずにいました。御膳《ごぜん》（ごはん。食事）は氷って食べられないほどでした。役人はこれに恐れて、またひとつ食べ物を牢屋に置きました。

それから人々があまり苦しみますので、蒲団《ふとん》のこと、米に水をあまり加えること、くすりなどのことについて、はじめのようにして下さるよう、七つのことを願いに役人の前に行きました。米に水を加えてふやすのはこの国の規則かと申しましたところ、この役人はひどく腹をたてて打ちかかろうとしました。それから私はこの役人からうらまれるようになりました。

また役人はあとから浦上のキリシタンがたくさん来ると知って、またひとつには改心した者を改心しない者の近くに置いては、改心しない者を助けるということで、十四、五里離れたところへ改心した者が行くことになりました。このなかに「さんするもの」、気がおかしくなった者などがいたため、今まだ近い所にいるうちにあれこれ世話をするために、この尼寺にこっそり行っていました。それを役人が知って「仙右衛門逃げたか」と言って髪をつかんで引っぱって行くので、その道理を弁明しようとしたところ、打ち殺してもかまわぬという勢いで、長いくわの柄で頭を二《ふた》打ち、背中を二打ちうたれて地面に倒れました。頭から血がふき出しました。そのとき同じ牢屋にいる者に抱えられて帰りました。

年譜

注：月日欄のカッコ内は陰暦

西暦	元号	月日	仙右衛門に関する事項	関係事項
一八六五	元治　二	2・19		長崎大浦天主堂献堂式
		3・17（2・13）	プチジャン神父に信仰告白 仙右衛門（四十二歳） 敬三郎（長男十四歳位） 源太郎（次男十二歳位） 仙太郎（三男五歳）	信徒発見（浦上）
改元	慶応　元 （四月より）	5上旬		九州各地の信徒発見
		7下旬		長崎奉行、天王堂の参観を禁ず
		10	仙右衛門、水方友吉の補佐となる。 二〜三日、天主堂にかくれ、教理、祈りを習い、全村に伝道活動をする。	
		11	仙右衛門の二子（敬三郎・源太郎）、神学生となる	
		12・8		司祭館の二階に、無原罪の御やどりの間ができ、神学生の学習室となる。長崎神学校の発端
一八六六	慶応　二	2・4	プチジャン師より、与作・敬三郎・源太郎の三名、条件付洗礼を受く	

		2・5	三名初聖体拝領	
		8・15	仙右衛門初聖体拝領	
		10・21		プチジャン師、司教に祝聖
		11・20		寺院への寄附問題について、庄屋に出頭を命ぜられる
一八六七	慶応　三	1	ロカーニュ師を助けて、御公現の聖ヨゼフ堂において、伝道に活躍	ロカーニュ師、プチジャン司教より許可を得、浦上に侵入。浦上村山里の四か所の秘密教会設立、命名
		4		埋葬事件 これをきっかけとして、浦上のキリシタン結束し、仏僧の引導を拒絶、自葬の許可を奉行に申し出ず
		4・20	仙右衛門、総代とともに聖体拝領し、代官屋敷へ出頭	
		4・21	能勢大隅守、徳永石見守両奉行より召喚	
		4・24		浦上の信徒などの連名簿を庄屋に提出
		4・27	仙右衛門ら、十日間の黙想を行う	浦上の四か所の仮聖堂において黙想会が開かれる
		4・28		奉行、自葬について仮許可を下す
		5下旬		ロッシュ仏公使、来長崎
		6・2		日本信徒発見記念祭典奉行

		7・15（6・14）	仙右衛門・源太郎、捕縛され桜町牢へ入獄	浦上信徒六十八名捕縛、桜町牢へ入獄
		7・17（6・16）	仙右衛門ら小島牢へ移る 仙右衛門、土山役所・西役所に十四回召喚	外交国の抗議
		8・24（7・25）		ロッシュ公使の斡旋
		9・21		プチジャン司教横浜に移転
		10・5	小島牢から再び桜町牢へ 仙右衛門の抵抗	先に逮捕された首領株六十八名に加えて、囚徒は八十数名に達す 仙右衛門を残し、全員改心
		10・10		改心者帰村
		10・11（9・14）	仙右衛門釈放	
		10・12（9・15）		三十八名改心の取り消しを庄屋に申し出る
		11・10（10・14）		大政奉還
		11・18（10・22）	長崎新奉行河津伊豆守と仙右衛門との対話	
一八六八	慶応　四	3・7（2・14）		徳川幕府倒壊し、沢宣嘉が九州鎮撫使として長崎に赴任
		4・7（3・15）		禁制高札
		4・8（3・16）	仙右衛門、二十六名の信徒とともに、西役所へ召喚	
		4・29（4・6）	仙右衛門他一七九名の戸主とともに、西役所へ召喚	大政官達

		7・20（6・1）	仙右衛門、津和野へ配流	津和野へ二十八名、福山へ二十名、萩へ六十六名配流
		（7・28）	源太郎、ペナンの神学校へ避難	十名の神学生、クザン師に伴われ、ペナンへ避難
改元	明治 元	10・23（9・8）		
一八六九	明治 二	6・26（5・17）		公議所の議決
		7・28（6・20）		長崎府を廃し長崎県がおかれる
		12・30（霜月26）	配流地津和野において、仙右衛門、甚三郎とともに氷責めにあう	
一八七〇	明治 三	1・1（11・30）		彈正大忠渡辺昇、中央政府の命により、長崎に来り全浦上キリシタンを捕縛、富山以西、二十一か所に配流す
		1・6〜7	仙右衛門の三男仙太郎、四国伊予（愛媛）の松山に、本原郷辻の信徒八十六名とともに配流	戸主七百名に出頭命令、流罪家族全員の移送
		流罪の間	仙右衛門の長男敬三郎、香港ショウザンの神学校へ避難	敬三郎他十二名の小神学生、国語教師、阿部真蔵、石阪見習生五名とともに、香港ショウザンの神学校へ避難
		5・5	敬三郎死亡	

一八七一	明治 四	1・27	津和野の牢獄にある仙右衛門のもとに、四月十一日付のロカーニュ師の見舞状が届く	英国代理公使アダムス、キリシタンの待遇改善を政府に申しいれる
		12・7（11・6）		伊万里事件
		12・23（11・12）		岩倉使節団の特派
一八七二	明治 五	3・3		改心者帰村の費用を国庫支弁にするという太政官布告発令
		3・15（2・7）	源太郎ペナンより東京神学校に帰校	
改暦	明治五年12月3日をもって明治六年一月一日とす			
一八七三	明治 六	2		岩倉大使の要請により、太政官布告六十八号をもって切支丹禁制の高札撤去
		3・14		太政官達をもって「長崎県下異宗徒帰籍」を命令
		5・9	仙右衛門と仙太郎が帰郷	
		12・3	源太郎他二人、プチジャン司教より剃髪式を受ける	
一八七四	明治 七	2・24		ロカーニュ師、プチジャン司教より、補佐司教として長崎で祝聖
		7	仙右衛門、岩永マキらに小屋を提供、土地建物一切をマキらに譲る	赤痢発生、岩永マキら挺身し、これが救護に当たる。浦上十字会創立の動機となる
		8	仙太郎、東京府小川町猿楽丁私立学	

		9・8	業外国語学校入学	プチジャン司教、長崎に小神学校開設
一八七五	明治　八		源太郎、大浦仮神学校によびもどされる	大浦天主堂のそばに仮神学校建設
一八七六	明治　九	5・22		日本教区の分割、南韓・北韓両代牧教区誕生 南韓教区長、プチジャン司教 北韓教区長、オズーフ代牧司教
一八七七	明治　十			準修道会十字会の設立
一八七八	明治一一			プチジャン司教、大阪に司教座を設ける
一八七九	明治一二			ロカーニュ補佐司教、療養のため香港におもむく
一八八〇	明治一三	6・4	仙右衛門ら、浦上天主堂建立に奔走	浦上旧庄屋邸宅を購入、聖堂とする
		7・7		修築に着手
		8・15		初めてミサを執行
		12・8	源太郎他二名、下級四段の品級を受ける	
一八八一	明治一四	御復活祭前日	源太郎ら三名、副助祭の位に上げられる	

		9・10	仙右衛門、県当局の許可を得、本原郷平の丘に十字架を建立	
		12・17	源太郎、深堀達右衛門、有安秀之進三名の助祭叙階式 敬三郎、松尾末吉、西田豊三郎ら小神学生の遺骨、浦上本原郷にもちかえられる	叙階式後、プチジャン司教は、大浦天主堂前庭に建立された大十字架を祝別
一八八二	明治一五	12・31	源太郎ら三名、プチジャン司教より叙階せられる	
一八八四	明治一七	10・7		プチジャン司教逝去
一八八五	明治一八	1・19		ロカーニュ司教逝去
一八八九	明治二二			帝国憲法発布せられ、信教の自由を許される
一八九〇	明治二三	3・2		長崎において、日本・朝鮮聯合の司教会議を開催
		3・17	信徒発見二十五周年祝典催され、仙右衛門ら参列	
		6	復姓願を提出	
一八九二	明治二五	8		ビリオン師、井上外相、仏公使らの斡旋で、殉教者らの骨が埋まっている津和野の無坂を買いとる津和野の殉教者三十六名の合葬

				墓をつくり、石碑を建てる
一八九九	明治三二	4・13	仙右衛門永眠	
一九一四	大正　三	3・17		浦上天主堂竣工
一九二〇	大正　九			岩永マキ永眠

参考文献

欧文献

J.B.Chaillet, *Lauréat de l'Académie française; Mgr. Petitjean et la Résurrection Catholique du Japon au XIX siècle,* M.Ph Chaillet, 1919.

M.A.Marnas Francisque, *La Religion de Jésus ressuscitée au Japon,* Imprimerie générale-Clermont-Ferrand, 1931, Tome Deux. p.592.

Léon Pagés, *Dictionnaire Japonais-Français,* Paris, 1869.

邦文献

姉崎正治著「迫害の心理」（大観　Ⅲ—4）　一九二〇年

姉崎正治著「切支丹宗門改めの心理」（宗教研究　Ⅳ—16）　一九二二年

姉崎正治著『切支丹禁制の終末』　同文館　一九二六年

姉崎正治著『切支丹宗門の迫害と潜伏』　同文館　一九二五年

姉崎正治著『明治初年に於ける切支丹迫害の思想的背景』（宗教研究　新Ⅲ—1）　一九二六年

姉崎正治著『切支丹伝道の興廃』　同文館　一九三〇年

参考文献

姉崎正治著『切支丹迫害史中の人物事蹟』同文館　一九三〇年
家近良樹著『浦上キリシタン流配事件――キリスト教解禁への道』吉川弘文館　一九九八年
池田敏雄著『長崎キリシタンの精鋭、高木仙右衛門、守山甚三郎』中央出版社　一九六五年
池田敏雄著『津和野への旅』中央出版社　一九九二年
梅溪昇著『お雇い外国人⑪　政治・法制』鹿島出版会　一九七一年
浦川和三郎著『日本に於ける公教会の復活　前編』長崎大浦天主堂　一九一五年
浦川和三郎著『切支丹の復活』同文館　一九二七年
浦川和三郎著『浦上切支丹史』全国書房　一九四三年
海老沢有道・大内三郎共著『日本キリスト教史』日本基督教団出版局　一九七〇年
海老沢有道著『キリシタンの弾圧と抵抗』雄山閣出版　一九八一年
大佛次郎著『天皇の世紀』朝日新聞社　一九七八年
片岡弥吉著『長崎の殉教者』角川新書　一九五七年
片岡弥吉著『浦上四番崩れ』筑摩書房　一九六三年
片岡弥吉著『長崎の切支丹』（切支丹風土記　九州編）宝文館編集　一九六三年
片岡弥吉著『日本キリシタン殉教史』時事通信社　一九七九年
片岡弥吉著『長崎のキリシタン』聖母文庫　一九八九年
岸本英夫編『明治文化史　宗教編』洋々社　一九五五年
五野井隆史著『日本キリスト教史』吉川弘文館　一九九〇年

高木一雄著『明治カトリック教会史研究』全三巻　中央出版社　一九七八～八〇年
高谷道男編訳『フルベッキ書簡集』　新教出版社　一九七八年
高橋昌郎著『明治のキリスト教』　吉川弘文館　二〇〇三年
田北耕也著『昭和時代の潜伏キリシタン』　日本学術振興会　一九五八年
H・チースリク著『キリシタン人物の研究――邦人司祭の巻』　吉川弘文館　一九六三年
土居昭夫著『日本プロテスタント、キリスト教史論』　教文館　一九八七年
パチェコ・ディエゴ著『守山甚三郎の覚え書』　二十六聖人資料館　一九六四年
比屋根安定編『吉利支丹文庫Ⅲ　島原天草日記・天草上賊城中話』　警醒書店　一九二七年
比屋根安定著『日本基督教史』Ⅰ・伝来篇、Ⅱ・布教篇、Ⅲ・殉教篇、Ⅳ・復興篇、Ⅴ・発展篇　教文館
一九三八年
松田毅一著『日葡交渉史』　教文館　一九六三年
松田毅一著『日欧交渉史研究文献目録』　一誠堂書店　一九六五年
F・マルナス著／久野桂一郎訳『日本キリスト教復活史』　みすず書房　一九八五年
森興重著『森松次郎翁小伝』（キリシタン研究会報　第二年七号）
森岡清美著『日本の近代社会とキリスト教』　評論社　一九七〇年
結城了悟著『日本とヴァチカン』　女子パウロ会　一九八九年
結城丁悟・松村菅和・片岡瑠美子・池田敏雄共著『最後の迫害』　六甲出版　一九九九年
春畝公追頌会『伊藤博文伝』上巻　一九四〇年

安丸良夫・宮地正人編『日本近代思想体系5　宗教と国家』岩波書店　一九八八年
外務省編『日本外交文書』明治期・第三巻〜第六巻　巌南堂書店　一九三八〜九年
純心女子短期大学長崎地方文化史研究所編『耶蘇教ニ関スル書類』純心女子短期大学　一九九一年
『公文録』（国立公文書館蔵）
『国史大辞典』第二巻　吉川弘文館　一九八〇年
『日葡辞書』（*VOCABVLARIO DA LINGOA DE IAPAM*）勉誠社　一九七三年
『総合仏教大辞典（上）』法蔵館　一九八七年
『日本史用語大辞典　用語篇』柏書房　一九七八年
『新カトリック大事典』新カトリック大事典編纂委員会編　二〇〇三年

あとがき

「キリシタン禁制高札撤去」より百四十年となる今年、本著を出版する運びとなりましたことは、神の摂理であると信じております。

無我夢中で原稿を書き終えた今、改めて読み返して見ますと、自分自身でも「むずかしい本だ」と、思いますし、この著書を手に取られました方々も同じ思いではないかと考えます。

そのような方には、第二部の「四　仙右衛門覚書」（現代文）をはじめにお読みになることをお勧めします。その後、「覚書」（原文）を読んでいただければ、仙右衛門の生涯について十分ご理解いただけることでしょう。

この著書を出版する動機は、仙右衛門の孫にあたる著者の父が、生前より「仙右衛門に関する資料を後世に残したい」と、申しておりました、その念願をかなえたいとの思いからでした。

この父の志を親身になって受け止めていただきましたのが、父も以前より尊敬しておりました、日本カトリック史研究者の松田毅一先生でした。

その先生のご指導を受け、二十年前、一九九三年十二月、中央出版社より『高木仙右衛門覚書の研究』と題し出版いたしました。

その後、改めて『覚書』を分析し、浦上キリシタン問題が信教の自由獲得にどのような役割を担ったかについて、仙右衛門を基軸にして論証するにあたり、東京大学名誉教授五野井隆先生のご指導を賜り本稿を完成するに至りました。

両先生には大変ご多忙にもかかわらず、歴史には全く素人である著者を貴重な時間をさいてご指導賜り、身にあまる光栄と心より御礼申し上げております。

この研究を通しまして、私自身はキリシタン関係だけでなく、明治維新前後の日本社会の動きについても学ぶことができました。その中でも、当時のキリシタンの存在は、ただに宗教の世界だけでなく、現代の社会にも大きな影響を与えていることに心をうたれます。

仙右衛門のことを考えますと、現代のカトリック教会にとっても貴重な教訓をのこしているように思われますし、また一方では、国際的貢献の面からも考察できる点が多々あるように考えます。

特に、今日の教会が強調しております、次の三つの点で、仙右衛門の信仰と生き方から大きな示唆が与えられるように考えます。

一、信徒の時代

二、貧しい人、弱い立場にある人々を優先

三、国際的交流と貢献

第一点として、現代は信徒の時代といわれていますが、仙右衛門は信徒でした。二百五十年間、一人の司祭もいない時代、キリシタンたちは相互に支え合いながら信仰を守り通しました。その信徒たちだけの時代を締めくくる時にふさわしい人物として、仙右衛門を見ることができるように思います。

彼の信仰告白は素朴なものでした。しかしそういう信仰をもった日本人がいたからこそ、日本社会にも信仰の自由の朝を迎えることができたのではないかと考えます。

第二点として、仙右衛門は貧しい農民であり、教育もありませんでした。社会的にも貧しく、弱い立場の仙右衛門が、時の権力者に屈することなく、神の恩恵に支えられて自己の信仰を守り通したことは、日本人としてキリストの教えの正しさを証しただけでなく、その雄々しい姿は信仰ある諸外国の人びとの心を動かし、日本に信教の自由をもたらす動機をも作ったのです。

このように考えてみますと、日本における信教の自由は、日本人の民衆からの目ざめよりも、諸外国の人々が、当時の日本政府をも動かすほどの力強い働きかけと惜しむことのない協力によって獲得したものであることを、キリシタン研究者は、長い間力説してきましたが、著者は、この度の研究によりキリシタンの存在と信仰によって、「キリシタン禁制撤去」が可能になったと結論づけました。

第三点として、現代の日本社会は一応平和であり、経済的にも豊かな生活ができるようになった今、私たちは世界に目を向け、諸外国の人々に対し、今までのご恩を返す時であることを知りたいと考えます。

それは、まだ日本が物質的にも、精神的にも貧しかった時代に諸外国の善意ある人々が物質的にも、そして何よりも人材的に日本を援助し協力して下さったことを、感謝の内に思い起こし、今私たちにできる最大の貢献を諸外国の人々に対してできればと、心から願っております。

以上のような点を、私は仙右衛門の生涯とその生きた時代の背景をひろく学ぶことによって理解できましたことを幸いに思います。きっと天国では、曾祖父の仙右衛門も私とともによろこんでいることと思いますと、神に感謝せずにはおられません。

ここまで私をご指導下さいました諸先生方、友人の皆さま方に厚く御礼申し上げます。

最後になりましたが、出版を引き受けて下さり、多くの御助言を賜りました思文閣出版編集長の林秀樹様には厚く御礼申し上げ、また、著者の協力者である野田哲雄様のご支援にも心より感謝申し上げております。

また、この著書をお読みいただきました方々のために、天国で仙右衛門が三位なる神様に祝福と恵みを取り次いでくださいますようにと、著者も心からお祈り申し上げております。

聖なる神様の御業を、尊び称え、感謝しながら

二〇一三年二月二十四日

「キリシタン禁制高札撤去」より一四〇年に当たる日に　髙木慶子

◎著者略歴◎

髙木　慶子（たかき・よしこ）

熊本県生まれ．
聖心女子大学文学部心理学科卒，上智大学大学院神学研究科博士前期課程修了．博士（宗教文化）．
［現在］
上智大学特任教授　上智大学グリーフケア研究所所長
「生と死を考える会全国協議会」会長
「兵庫・生と死を考える会」会長
［著書］
『死と向き合う瞬間――ターミナル・ケアの現場から』（学習研究社）『輝いて人生』（学習研究社，日野原重明との共著）『喪失体験と悲嘆――阪神淡路大震災で子どもと死別した34人の母親の言葉』（医学書院）『悲しみの乗り越え方』（角川書店）『大切な人をなくすということ』（PHP研究所）『悲しんでいい』（NHK出版）『悲しみは、きっと乗り越えられる』（大和出版）など多数

髙木仙右衛門《たかきせんえもん》に関《かん》する研究《けんきゅう》
――「覚書《おぼえがき》」の分析《ぶんせき》を中心《ちゅうしん》にして――

2013（平成25）年２月24日発　行
2013（平成25）年５月１日第２刷

定価：本体2,000円（税別）

著　者　髙木慶子
発行者　田中　大
発行所　株式会社　思文閣出版
〒605-0089 京都市東山区元町355
電話075-751-1781（代表）

印　刷
製　本　株式会社 図書印刷 同朋舎

ISBN978-4-7842-1684-0-C3021